COMMANDER LE PHOENIX

Capitaine
Thomas Valentin

Commander le Phoenix

ESORSEM

Photographie :
Ophélie Virlogeux (portrait)
Bertrand Leriche (couverture)

© 2024 Thomas VALENTIN
Édition : BoD · Books on Demand,
31 avenue Saint-Rémy, 57600 Forbach, bod@bod.fr
Impression : Libri Plureos GmbH, Friedensallee 273,
22763 Hamburg (Allemagne)
ISBN : 978-2-3225-7363-9
Dépôt légal : Mars 2025

A mon père,

Aux braves de la 1ère compagnie,

AVANT-PROPOS

L'ESORSEM, est une école dont le nom et le format n'ont pas cessé d'évoluer depuis plus d'un siècle et qui forme tous les officiers de réserve aux techniques d'état-major. En 2019, elle a eu l'honneur de contribuer à former le capitaine Valentin qui offre ici un témoignage unique de sa vie civile dont les compétences sont mises au service de l'institution militaire. Ce récit autobiographique est de nature à inspirer de nombreux citoyens désireux d'œuvrer et de s'investir au profit de leur pays. Ceci afin qu'ils rejoignent les rangs de cette formation interarmes exigeante qui contribue, à développer les valeurs humaines, à forger un esprit de défense, confronter ses aptitudes au commandement et plus humblement, à remplir son devoir de citoyen. Plus encore, l'expérience du capitaine Valentin montre combien les apports du monde civil et de l'institution militaire s'enrichissent mutuellement, permettant à chacun d'atteindre les objectifs, fixés par sa hiérarchie.

Naturellement, les valeurs que porte le Capitaine Valentin depuis son enfance, le prédestinaient à prendre sa part du devoir de « citoyen en armes » pour participer à la défense du territoire national. S'il a initialement suivi un cursus d'études civil et a pris des fonctions dans un organisme civil, afin de participer au développement de l'activité économique de notre pays, il a eu aussi la volonté de participer à la protection du territoire en s'engageant dans la réserve opérationnelle comme de nombreux jeunes, choqués par les attentats des années 2010. Il a ensuite choisi de se professionnaliser davantage et a suivi la voie de la formation d'officier de réserve spécialiste. Il contribue ainsi au rayonnement de l'esprit de défense au sein de la société civile et participe pleinement à sa « cohésion nationale » afin d'être un relais au sein de son entreprise. Par sa démarche, il est à même de susciter des vocations tant parmi ses subordonnés militaires que ses collègues et amis civils. Ses actions de rayonnement l'amènent aussi à faire participer son entreprise à des événements caritatifs et fédérateurs au profit de l'institution militaire.

Volonté, détermination, abnégation, dévouement : des valeurs et des principes de vie, qui caractérisent ce capitaine de réserve. Valeurs qui finalement, sont aussi celles d'un militaire d'active par exemple issu des rangs de l'École de Saint-Cyr. Pour les premiers, choisir l'ESORSEM c'est choisir de « s'instruire pour mieux servir » quand les seconds « s'instruisent pour vaincre », les deux au service de leur pays. Accepter un poste de réserviste opérationnel, c'est en réalité mener une double vie, un double engagement, un double apprentissage continu et faire souvent des sacrifices comme un militaire d'active. Il ne faut pas oublier non plus que ces officiers d'état-major que nous formons à l'ESORSEM seront les officiers d'état-major de demain en cas de nouveau conflit, comme le furent avant eux, de nombreux réservistes lors de la Première Guerre mondiale qui composaient alors 75% des effectifs ! Envisager la guerre de haute intensité sans eux est aujourd'hui impensable, dans la mesure où leur disponibilité sans faille est précieuse, leurs responsabilités cruciales pour le bon fonctionnement de nombreuses unités et états-majors, ainsi que leur expérience opérationnelle aux fonctions qu'ils occupent. Le témoignage du capitaine Valentin vient illustrer concrètement les objectifs fixés par le ministre des Armées de doubler la réserve d'ici à 2030.

Cet ouvrage est donc destiné d'une part à tous ceux animés d'une certaine curiosité de la réalité militaire car ils y apprendront beaucoup sur ce qu'est la réserve opérationnelle de ses origines à nos jours ainsi que la ressource précieuse qu'elle constitue pour l'armée d'active. D'autre part, il indique la marche à suivre à tous ceux qui souhaiteraient s'engager comme réserviste opérationnel pour servir sous les drapeaux comme officier avec des responsabilités de commandement. La réalité est ici dépeinte sans détour : de ses difficultés dans son parcours d'engagement comme dans son équilibre de vie, ses questionnements, son goût de l'aventure humaine et opérationnelle, son dévouement, la joie de la fraternité d'armes, l'importance de la reconnaissance des chefs, l'émulation intellectuelle entre officiers réservistes aux spécialités diverses, les problématiques inhérentes à un régiment ou au commandement et le pragmatisme qui en découle, les tâtonnements et l'audace dans la prise de décision, ou encore l'influence réciproque entre savoir civil et savoir militaire.

Colonel Georges-André MARON
Directeur de l'Ecole Supérieure des Officiers de Réserve Spécialistes d'Etat-Major

PREFACE

Les réservistes sont une force. Leur apport à l'armée de Terre est primordial. Ils contribuent à son fonctionnement quotidien ; ils participent à ses missions sur le territoire national, outre-mer et à l'étranger ; ils lui offrent un ancrage et une légitimité supplémentaire au sein de la Nation.

Les réservistes sont un exemple. Leur vie militaire se mène en plus d'une vie professionnelle et souvent d'engagements associatifs. Le temps qu'ils consacrent à leur unité représente un effort : des périodes régulières et exigeantes arrachées au confort de la vie quotidienne et familiale.

Les réservistes sont une chance. Ils apportent leur talent, leur générosité et un regard décalé qui interroge et questionne les habitudes.

Le témoignage du capitaine Valentin illustre ces trois aspects. Officier d'infanterie, il apporte ses compétences et son enthousiasme aux unités dans lesquelles il sert. Comme tout soldat, comme tout chef, il est confronté aux aléas de la vie militaire. Il en connaît les satisfactions, les difficultés, les cas de commandement et la fierté d'appartenir à une communauté soudée et fière. Il conçoit et conduit des opérations, il s'entraîne et pousse ses subordonnés au dépassement. Comme pour tout capitaine, commander son unité constitue un apogée.

L'auteur décrit la vie en unité : le rythme des missions, les relations hiérarchiques, les anecdotes de la vie régimentaire, la richesse et la diversité des soldats qui la composent. Son regard aiguisé et bienveillant livre une description authentique de l'atmosphère qui y règne. Chapitre après chapitre se dessinent son caractère, son style et son ambition d'une réserve qui incarne la Nation en armes.

Il révèle que les renoncements imposés par son engagement sont payés au centuple par les expériences acquises, la camaraderie, la reconnaissance des subordonnés et des chefs, et la fierté de servir. Il offre une leçon à ses compatriotes et à ses pairs.

Général d'armée Pierre SCHILL
Chef d'état-major de l'armée de Terre
Janvier 2024

INTRODUCTION

« *Aux armes citoyens* », exhortation qui fait vibrer les cœurs et bombe les poitrines. Le caractère guerrier et civique résonne dès les premières sonorités de l'hymne national, incitation explicite pour défendre la terre charnelle et nos libertés au prix du sacrifice ultime. L'appel aux citoyens pour prendre les armes et défendre la patrie en danger est l'un des fondements de notre démocratie. La nation constituée doit être en capacité de se défendre si nécessaire par les armes contre toute menace interne ou externe pour assurer sa survie. Les Français et leur armée entretiennent par ailleurs une relation singulière. La France s'est construite par des guerres successives, chaque bataille participant à l'agrandissement de nos frontières. Nation belliqueuse par essence et du fait de sa situation géographique centrale, la France « *fut faite à coups d'épée* » selon l'expression du Général De Gaulle. Le roman national ne s'est-il pas écrit autour de figures historiques et de grandes batailles ?

Citoyen et patriote, l'histoire de France et ses hauts faits d'armes me fascinaient dès mon enfance. La France occupe une place particulière sur l'échiquier des nations, à la fois libératrice des peuples, chantre de la démocratie et des droits de l'homme et terreau prolifique de génies dans les arts et les sciences. Guidé par mes idéaux patriotiques et une certaine idée de la grandeur de la France, j'ai, très tôt, souhaité m'engager plus pour mon pays, me sentir utile et impactant en rejoignant l'armée française. La soif d'aventures, la découverte du pays ou la quête de sensations fortes n'étaient pas mes priorités, ma motivation première était guidée par un idéal patriotique. Je souhaitais rendre à la France ce qu'elle m'avait donné. Ma conception faisait écho à l'appel de John Fitzgerald Kennedy « *Ne demande pas ce que ton pays peut faire pour toi, demande ce que tu peux faire pour ton pays*[1] ». M'engager en tant que réserviste dans les forces armées m'était apparu comme une évidence.

---

[1]John Fitzgerald KENNEDY, adresse inaugurale 20 janvier 1961 *"ask not what your country can do for you — ask what you can do for your country "*.

C'est lors d'un échange avec le responsable des classes préparatoires au lycée militaire de St Cyr l'Ecole en 2005 que je découvrais l'existence de la réserve opérationnelle. Format confidentiel à l'époque, la réserve opérationnelle de l'Armée de Terre accomplissait sa mue parallèlement au mouvement de professionnalisation et n'était connue que des initiés. Animé par une volonté de fer, je participais en 2007 à une préparation militaire supérieure (PMS) à Bitche pendant trois semaines. Premier contact avec l'armée. Le process de recrutement était alors très complexe. Les démarches administratives étaient laborieuses, les déplacements et entretiens se succédaient avec une incertitude omniprésente sur ma participation ou non à cette préparation militaire aux places comptées et où les personnels rejoignant l'active étaient fortement privilégiés dans la sélection. Bien que n'ayant aucune attache familiale avec le monde militaire, j'achevais cette PMS en me classant dans le premier décile. Expérience plus que concluante. En 2009, je signais mon premier contrat au 43ème régiment d'infanterie stationné à Lille, réalisant dans la foulée la formation militaire initiale de réserve et la formation de sous-officier puis, l'année suivante, la formation initiale d'officier de réserve (FIOR). Je quittais ce régiment où je n'ai pu pratiquer que trop peu d'activités du fait de contraintes budgétaires fortes limitant considérablement l'emploi des réservistes et leur instruction pour rejoindre le secrétariat général de défense et de sécurité nationale (SGDSN) à Paris en tant qu'analyste, avant la dissolution du 43ème RI en 2011. A cette période, je poursuivais mes études à Paris et les organismes militaires accessibles par transport en commun sur la région parisienne étaient peu nombreux. J'avais fait le choix de servir mon pays et de mettre à profit mes compétences là où elles pourraient être le mieux employées. L'engagement dans la réserve était un réel parcours du combattant et, certainement, l'étape la plus compliquée de ma vie de réserviste. Volonté et détermination m'ont permis de vaincre et de surmonter les obstacles ; ma maxime était tirée de l'ouvrage du théoricien de la guerre Karl Von Clausewitz « *La volonté inébranlable d'un esprit impérieux est le centre géométrique de l'art militaire* ». Je capitalisais sur la force morale.

La volonté d'être plus opérationnel et de rejoindre un régiment des forces m'habitait depuis de nombreuses années. A la suite des événements terroristes de Charlie Hebdo en janvier 2015, ma décision fut prise : chercher une nouvelle affectation. L'opportunité de participer à la montée en puissance du 24ème Régiment d'Infanterie se présenta à l'été 2016. Une première rencontre fut rapidement organisée avec le chef du Bureau Opérations Instruction (CBOI) qui me proposa le poste d'officier budget. Le 24ème Régiment d'Infanterie est un régiment unique puisqu'il a cette particularité d'être composé à 99% de réservistes, ces derniers armant la majorité des fonctions support. J'acceptais avec enthousiasme la proposition qui m'était faite.

Le 11 novembre 2016, mon engagement au service de ma patrie prenait un nouveau départ. Je rejoignais les rangs de mon régiment, le 24ème Régiment d'Infanterie stationné, pour son état-major et deux compagnies, au Fort Neuf de Vincennes. La 3ème puis la 4ème compagnie, dès leur création, étant stationnées au camp des Matelots à Versailles. Arrivé avant le lever du jour, je découvrais un régiment en ébullition. Les personnels se pressaient et accourraient dans toutes les directions pour charger les véhicules poids lourds de type GBC 180 et les deux bus qui devaient nous conduire aux environs de Montmirail. L'objectif était de réaliser une marche régimentaire d'une trentaine de kilomètres en terrain libre s'achevant par une cérémonie de remise de la fourragère aux nouvelles recrues.

Ces trois premières journées au sein du régiment des braves furent physiquement éprouvantes. Deux journées de marche dans l'humidité et le froid avec un rythme soutenu impulsé par les lieutenants Guillaume, un ancien officier d'active sous contrat et Julie, une jeune fille très dynamique et volontaire. J'apprendrai rapidement que le Lieutenant Julie travaillait dans le monde bancaire dans un bâtiment jouxtant le mien démontrant les interconnexions entre monde civil et militaire. La représentation du régiment à mon arrivée était conforme à mes attentes alliant caractère opérationnel, rusticité du fantassin et montée en puissance d'un régiment pionnier.

Dès les jours suivants, je prenais mes attributions d'officier budget du régiment. Rapidement, j'ai élargi mon périmètre de compétences. Au budget dédié aux dépenses de personnels se sont progressivement ajoutés les dépenses métiers puis les budgets habituellement dévolus à l'officier supérieur adjoint (OSA) relatifs aux cérémonies et vecteurs de notoriété. Parallèlement, l'autonomisation croissante du régiment et la montée en puissance des effectifs exigeaient la mise en place d'indicateurs de pilotage pour donner de la visibilité au chef et assurer le suivi des instructions dispensées dans le cadre des prérequis pour la mission SENTINELLE. Ma fonction se doublait désormais de celle d'officier pilotage avec l'émergence d'indicateurs opérationnels et la généralisation du logiciel SIPREFOR (système d'information de préparation des forces). L'adjudant-chef Binh renforçait ma cellule, ses compétences en informatique et en base de données furent un apport réellement précieux. En deux années, j'ai acquis une réelle expertise dans le domaine, accompagnant annuellement le chef de corps et le chef du Bureau Opérations Instruction (CBOI) au dialogue de commandement du Général et de son aréopage afin de passer en revue le bilan de l'année écoulée et de conseiller le chef de corps pour lui apporter des réponses à des questions techniques sur mes domaines de compétences. L'officier budget et pilotage a cet avantage d'avoir une vision assez exhaustive sur le fonctionnement du régiment avec ses ressources, activités et indicateurs de performance. Parallèlement, je suivais sur le cycle 2018-2019 la préparation des ORSEM (officiers de réserve spécialistes d'état-major), permettant l'attribution du diplôme d'état-major aux réservistes. Mon parcours dans la réserve opérationnelle était singulier dans un régiment dont la devise est « Sans égal ».

L'opportunité de basculer dans la voie commandement et, à terme, de commander une unité élémentaire de l'armée de terre se présenta début avril 2019. Visiteur nocturne régulier du régiment, je traversais Paris après mes horaires de travail pour accéder aux outils informatiques sécurisés me permettant de consulter ma messagerie et de réaliser mes multiples suivis et reportings budgétaires. Peu après mon arrivée, je m'aperçus que le chef de corps était présent dans son bureau et je me suis naturellement présenté à lui pour le saluer. Le lieutenant-colonel Claude avait un parcours qui présentait des similarités avec le mien, notamment professionnellement puisque nous avions tous deux travaillé au sein des inspections générales de grands groupes bancaires français. Le lieutenant-colonel Claude est un homme très accessible et bienveillant vis à vis de ses hommes ; son humanité transparaît au premier regard.

La discussion s'engagea sur sa prochaine passation de commandement à l'été 2019 et je lui fis part de ma volonté de commander une unité du 24ème RI. Avançant en ancienneté dans mon grade et ayant pleinement conscience que mes excellents résultats en tant qu'officier budget du régiment ne prédisposeraient pas son successeur à me laisser cette opportunité mais plutôt à me conserver à mon poste actuel, je saisissais ce moment pour formuler ma demande.

Nullement surpris par cette requête impromptue, le chef de corps qui m'avait exprimé le plaisir qu'il avait eu à commander sa compagnie me répondit dans l'instant : « *Mon Capitaine, j'ai quatre compagnies et quatre postes d'officier adjoint, laquelle choisissez-vous?* ». Fier et reconnaissant de la confiance qui m'était accordée, mon choix se porta sans hésitation sur la 1ère compagnie, à la fois la plus ancienne et la première dans l'ordre de préséance, celle aussi avec laquelle j'avais réalisé ma première marche le jour de mon arrivée au régiment. J'apprenais dans les minutes qui suivirent que mon camarade au Bureau Opérations Instruction (BOI), le capitaine David prendrait le commandement de la 1ère compagnie, le 13 avril 2019, et que je serais désigné officier adjoint de la compagnie à la même date. Le temps s'accélérait.

Le capitaine David avait déjà réalisé un temps de commandement dans l'active et souhaitait s'engager dans la réserve en parallèle de ses activités professionnelles pour servir son pays et partager son expérience. Profil expérimenté, il avait, dès son arrivée en 2017, rejoint le BOI à la fonction d'officier traitant en charge des opérations. Son expérience me serait bénéfique et en contrepartie je pourrais lui apporter ma force de travail et mon sens de l'organisation pour remettre sur pied la compagnie du Phoenix. Cette dernière était à bout de souffle depuis le début de l'année 2019, marquée par les départs successifs du commandant d'unité et de son adjoint ; cadres et militaires du rang n'avaient plus de visibilité sur les activités à venir et le niveau d'engagement s'amenuisait. La complémentarité de nos deux profils était évidente et empreinte d'une confiance absolue et d'un respect mutuel.

S'ensuivirent deux années intenses à occuper la fonction d'Officier Adjoint. Deux années qui me permirent d'apprendre la vie en compagnie, de connaître les hommes et acquérir les fondamentaux sur la gestion du matériel. Appuyé de cadres solides et expérimentés, une grande partie de la préparation des instructions sur les volets administratifs et logistiques passait par moi. En définitive, deux années pour grandir et me préparer à la fonction de commandant d'unité.

Vu le contexte sanitaire particulier, la date de passation de commandement initialement prévue en novembre 2020 fut décalée aux premiers jours du mois d'avril 2021 puis, repoussée *in extremis* du fait de nouvelles contraintes sanitaires interdisant les rassemblements. L'incertitude sur la date de ma passation de commandement fut manifeste jusqu'au dernier moment.

La date du 6 juin 2021 fut finalement fixée pour cette cérémonie solennelle. Une date commémorative qui ne pouvait être que de bon augure. La passation de commandement est un moment particulier pour tout officier qui s'apprête à prendre la direction d'une unité ou à passer le flambeau. C'est une journée emplie de symbolique et qui marque l'achèvement d'un temps de commandement pour son prédécesseur et le début d'une nouvelle aventure pour son successeur. Les commandants d'unité sont des passeurs de témoin qui font vivre leur compagnie et assurent l'avenir en donnant à leur successeur les meilleurs moyens d'assurer la pérennité de leur unité.

Aux aurores de ce 6 juin 2021, la compagnie s'active pour préparer les tenues et réaliser une dernière répétition avant la cérémonie qui se veut solennelle, codifiée et émouvante. Préparé depuis des mois, je suis conditionné pour en réaliser dans les moindres détails le bon déroulé et je suis serein sur les responsabilités qui m'échoiront. Après une revue de ma compagnie, je l'installe en ordre serré sur la place d'armes avant l'arrivée des autorités. Les premiers invités sont déjà présents.

Au loin, on entend retentir les coups de onze heures, la cérémonie commence. Le chef de corps s'avance sur la place d'armes avant de passer en revue les troupes. La cérémonie est rythmée par une remise de décorations et un ordre du jour dédié prononcé devant la troupe. Aux ordres du chef de corps, le fanion de la 1ère compagnie sort des rangs avant que soit prononcée la formule d'intronisation consacrée :

« *Officiers, sous-officiers, caporaux-chef, clairon et soldats de la 1ère compagnie du 24e régiment d'infanterie, vous reconnaîtrez désormais pour votre chef, le CNE Thomas VALENTIN ici présent et vous lui obéirez en tout ce qu'il vous commandera pour le bien du service, l'observation des lois, l'exécution des règlements militaires et le succès des armes de la France.* »

Le capitaine David se porte ensuite devant le fanion, le prend et le remet au chef de corps. A mon tour, je me porte devant le chef de corps, lequel me remet le fanion. Dans un mouvement de pied ferme, le capitaine David et moi-même faisons un dernier mouvement symbolique en nous croisant pour échanger nos places respectives, et je viens me placer à la droite du chef de corps.

Le chef de corps quitte la place d'armes suivi de près de mon prédécesseur. Un nouveau cycle commence. Je suis désormais seul face à ma compagnie que je mets en ordre préparatoire pour le défilé qui clôture la passation de commandement. A partir de ce moment, je prends pleinement conscience que je suis leur chef et je sais que je vais passer deux années extraordinaires à leur tête à un rythme frénétique.

I. AUX SOURCES DE L'ENGAGEMENT ETAIT L'HONNEUR

A. Des citoyens animés par la volonté de servir

Franchir le pas de l'engagement dans la réserve opérationnelle est le fruit d'une décision mûrement réfléchie. Une décision dont les ferments sont bien souvent ancrés dans l'enfance, les convictions personnelles ou les traditions familiales. Une décision qui s'accompagnera de nombreux sacrifices mais qui transformera humainement chaque individu passé par les rangs en lui faisant découvrir le monde des armes et des amitiés indéfectibles.

Rejoindre la réserve opérationnelle exige de faire preuve de volonté et de persévérance. Le parcours d'intégration bien que simplifié par de nouveaux outils informatiques demeure particulièrement long et complexe. Les candidatures non assumées s'érodent. Les aspirants réservistes doivent passer avec succès les différents filtres médicaux et administratifs puis le contrôle de sécurité avant de signer leur engagement. Les délais imposés par le parcours laissent le temps de réfléchir posément à sa décision et aux éventuelles contraintes par rapport à son environnement familial et professionnel.

Nous ne pouvons qu'être admiratifs devant l'engagement dont font preuve ces cohortes de jeunes recrues. Elles sont animées par des valeurs patriotiques. En effet, leur engagement réside essentiellement dans la volonté de servir leur pays et ses idéaux. Leur cause est noble, ils souhaitent protéger leurs concitoyens des menaces sécuritaires actuelles. Pour beaucoup, les attentats de Charlie Hebdo ou du Bataclan ont joué le rôle de déclencheur, hâtant leur volonté de s'engager.

Les candidats que nous recrutons sont les héritiers des soldats de l'An II, ces citoyens soldats qui souhaitaient défendre par les armes leur pays et les acquis de la République, leurs libertés et leurs droits jusqu'au sacrifice suprême.

Nombreux sont aussi ceux qui envisagent la réserve comme l'antichambre de l'Armée de Terre avant de rejoindre les rangs de l'active. Cette expérience hors du commun leur permet de tester leur motivation, de s'aguerrir et d'acquérir les premiers savoir-faire militaires. Le dixième de ma compagnie s'est ainsi engagé dans l'active bien souvent en suivant le cursus d'officier sous contrat ou d'officier sur titre. Ce passage dans la réserve opérationnelle de l'armée de terre ne peut leur être que bénéfique et apporte une réelle plus-value à l'institution. En effet, les personnels ayant initié leur carrière par des périodes de réserve ont pu tester leur motivation et leur adaptation au monde militaire et sont donc moins enclins à dénoncer prématurément leur contrat.

La soif d'aventures, le désir de se dépasser, une tradition familiale sont également de puissants vecteurs de motivation pour nombre de jeunes en quête d'un cadre. Ils recherchent l'autorité, la cohésion, le goût de l'effort que leur offre l'institution militaire et qui est un aparté dans leur vie professionnelle ou académique. La porosité entre monde civil et militaire, l'apport de connaissances réciproques et les synergies qui en résultent sont l'une des particularités de la réserve opérationnelle.

A contrario, rares étaient ceux dont l'objectif premier était la solde. Celle-ci avoisine les quarante-cinq euros pour une journée d'activité au grade de soldat, une journée qui peut s'avérer extensible notamment lors des tirs d'instruction avec un rassemblement le matin à 6h15 et un départ entre 17h et 23h00 selon l'efficacité du nettoyage et de la réintégration de l'armement. Le montant de la solde non imposable est à relativiser vu le nombre d'heures travaillées. En outre, les délais de paiement de la solde sont souvent significatifs bien que de nouveaux outils ont contribué à réduire les délais. A titre d'anecdote, je recevais mes personnels les uns après les autres au cours d'une revue d'effectifs afin d'évoquer leur situation, leurs aspirations et les difficultés rencontrées. A la fin de l'un des entretiens, je pose machinalement la question de savoir si mon subordonné avait des difficultés à me remonter. Il hésite et paraît fébrile. Je répète ma question et il évoque sur le bout des lèvres la problématique de la solde non versée. Affecté depuis onze mois et ayant réalisé des activités, il n'avait jamais reçu aucun versement mais il ne s'inquiétait pas jusqu'ici ayant été prévenu que les versements pouvaient prendre du temps. Après investigations, j'ai appris que ses coordonnées bancaires n'avaient jamais été entrées dans le logiciel de gestion du personnel. Sa situation a été régularisée. Bien qu'étant une motivation secondaire, le chef doit accorder un grand soin au paiement de la solde et déployer toute son énergie pour débloquer les situations de non-paiement ou de simple retard. Toute problématique soulève irrémédiablement des inquiétudes et porte le discrédit sur l'encadrement et par extension sur l'institution.

La fidélisation des engagés et notamment des jeunes recrues ne peut être dissociée de mesures incitatives notamment sur le plan financier. Les plus jeunes, dont l'engagement peut être moins affirmé, sont plus susceptibles de voir leur engagement évoluer par opportunisme au gré de leurs rencontres et aspirations vers d'autres formes telles que les ONG, les structures associatives ou la protection civile. La constitution d'une réserve de la police nationale en 2023 fit naître pour certains des doubles affiliations. Ces engagements sont également louables et participent à l'intérêt général, mais ce zapping nuit aux investissements en capital humain et brouille les priorités.

En définitive, une unité de réserve est par définition hétéroclite réunissant des hommes et des femmes de tous les horizons aux fortunes diverses et animés par la volonté commune de servir leur pays. Les personnels qui ne partagent pas ce socle de valeurs communes se désengagent très rapidement de l'institution.

B. Des rangs composés des futures élites de la Nation

Le fantassin est souvent stéréotypé comme ayant un niveau d'éducation bien inférieur à celui de ses pairs. Telle est l'image d'Epinal, une image reflétant la réalité de l'époque avec des armées au volume considérable dans des sociétés où les études supérieures étaient l'apanage de l'élite. Le tribut en sang versé fut élevé, *a fortiori* pour l'infanterie, amalgamant le fantassin à de la chair à canon. Vue l'importance du volume des masses engagées au regard des compétences exigées, le niveau d'éducation demandé était secondaire et bien souvent médiocre. Il n'est nullement requis pour le soldat de comprendre la manœuvre mais simplement d'exécuter les ordres reçus. Précisément, une citation est d'ailleurs attribuée à Georges Clémenceau sur ce sujet : « *La plus petite unité de mesure de poids, c'est le milligramme, la plus petite unité de mesure de volume, c'est le millilitre, la plus petite unité de mesure de l'intelligence, c'est le militaire* ».

Force est de constater que les temps ont bien changé. Ainsi, dans l'active, les viviers de recrutements sont de plus en plus hétérogènes. La professionnalisation des armées s'est accompagnée d'un accroissement de la technicité des équipements et d'une diversification du recrutement avec de plus en plus de bacheliers et de jeunes diplômés de l'enseignement supérieur. Les places dans les unités les plus prestigieuses sont âprement disputées.

Parallèlement, l'armée continue de remplir son rôle social en formant de nombreux jeunes en échec scolaire et en leur permettant d'acquérir des compétences et un savoir être pour s'insérer professionnellement. De par les possibilités de promotion interne et l'apprentissage de savoir-faire et savoir-être transposables au monde de l'entreprise, l'armée offre une seconde chance à de nombreux jeunes n'ayant pas trouvé leur voie dans un parcours académique classique.

La jeunesse qui rejoint les rangs du 24ème régiment d'infanterie est le reflet d'une jeunesse engagée, très éduquée et animée par des idéaux républicains. Le niveau d'études moyen oscille entre la licence et le master même pour les militaires du rang, créant constamment la surprise pour les visiteurs du régiment. Nombreux sont les étudiants issus des bancs de l'université ou les jeunes actifs en quête de sens et de valeur expliquant la diversité des profils des recrutements avec toutefois une forte prédominance des diplômes du supérieur propre au marché du travail de la région parisienne. Les ingénieurs côtoient les étudiants de Sciences Po, les cadres du secteur privé, des fonctionnaires, créant un véritable creuset républicain. De fait, ma compagnie concentrait une richesse de profils et de talents sans commune mesure dans l'armée de terre.

In fine, la réserve opérationnelle est un puissant vecteur de rayonnement pour l'armée de terre dans le monde civil. En effet, le lien armée nation s'est fortement amoindri avec la suspension du service national. Les passerelles entre armée et monde civil sont peu nombreuses et méconnues. L'institut des hautes études de la défense nationale (IHEDN) est certainement l'organisation qui contribue le plus à cette connaissance réciproque entre officiers, élus, cadres du monde de l'entreprise. Sa branche « jeunes » stimule cet esprit de défense dans les écoles et universités avec ce triptyque qui fait la force de ses séminaires : conférences, visites et travaux de groupes.

Certes, la réserve opérationnelle de l'Armée de Terre composée de 24 000 hommes et femmes conforte le lien avec un effectif qui reste marginal, mais les réservistes vivent au quotidien les mêmes insuffisances, partagent les mêmes missions et utilisent le même matériel que leurs homologues de l'active leur permettant d'acquérir une connaissance intime de l'institution. Source de rayonnement authentique et pleinement engagée, la réserve opérationnelle est un formidable relais dans la société civile.

Un relais assuré par des personnels volontaires ayant fait de nombreux sacrifices personnels et professionnels qui occuperont à moyen terme des postes clés de cadres intermédiaires et supérieurs dans les sphères privée et publique. La réserve opérationnelle irrigue ainsi la société civile d'un esprit de défense fondé sur une expérience sincère de la chose militaire. Cette expérience permet d'avoir une vision éclairée sur l'armée et ses besoins dans une société pacifiée où la rationalité budgétaire à court terme peut mener à des enjeux existentiels sur le temps long.

C. Une fraternité d'armes forgée dès la formation initiale

La fraternité d'armes se forge dès la formation militaire. Le parcours initiatique de tout soldat débute avec les « classes » appelées formation militaire initiale de réserve (FMIR). De nos jours, peu d'expériences sont aussi marquantes que cette immersion dans le monde militaire. Dans une société de plus en plus imprégnée par l'individualisme, la recherche de confort et la liberté, les jeunes réservistes se trouvent plongés dans un cadre qui leur est inconnu où aguerrissement et discipline sont les maîtres mots. Le sens de la camaraderie et de la cohésion y trouve sa signification première.

La formation des réservistes est accélérée avec un emploi du temps condensé leur permettant d'acquérir les actes élémentaires et réflexes du combattant en une quinzaine de jours. Sur cette période, ils découvrent les fondamentaux du tir et suivent une formation de secourisme aisément transposable dans le civil. Les jeunes recrues engrangent énormément de connaissances. En premier lieu, elles assimilent les savoir-être propres à l'armée de terre. Le respect de la hiérarchie, le souci du compte rendu, la prise d'initiative, le sens du travail bien fait sont autant de compétences à maîtriser. En second lieu, des cours sont dispensés avec phases théoriques et pratiques sur un programme normé permettant d'acquérir un socle minimal de compétences techniques (topographie, combat, tir,…). Enfin, la jeune recrue apprend surtout à se connaître. Vivant en communauté pendant deux semaines consécutives dans l'incertitude des activités à venir, guidée par ses valeurs, elle découvre ses limites, la capacité à se dépasser, murit ses aspirations et s'intègre dans un groupe où le collectif prime sur les individualités. Une forme de cohésion rare dans un monde teinté d'individualisme.

Cette fraternité d'armes forgée sur un temps relativement court, une quinzaine de jours, crée des liens particuliers. La camaraderie, la cohésion dans la difficulté, le partage de valeurs communes sont propices à créer une atmosphère positive entre l'ensemble des participants. Chacun d'entre eux est volontaire et partage l'insouciance des premières expériences : premier pas sous l'uniforme, premier maniement des armes, première marche avec le paquetage sous le soleil couchant en percevant le cliquetis des armes sur une interminable colonne s'enfonçant dans la pénombre d'une forêt vers un horizon inconnu. Autant de moments de fierté et de nostalgie qui s'ancrent profondément dans la mémoire et qui resurgissent de temps à autre bâtissant une expérience commune que l'on nomme la fraternité d'armes. Les liens ainsi tissés ont vocation à se perpétuer dans le civil bien au-delà de cette formation initiale quels que soient les parcours individuels.

Malheureusement, le taux d'attrition sur les formations initiales peut être élevé. Les jeunes générations sont en quête de repères mais sont peu habituées à un univers cadré et exigeant. Dès les premiers jours, les plus faibles physiquement et moralement rendent leur paquetage. Les vicissitudes de la vie telles que la perte d'un proche ou un événement familial impactant peuvent être de nature à reporter une intégration ou y mettre fin. Le rôle des cadres est majeur. Il leur incombe de détecter ceux pour lesquels l'état militaire n'est pas compatible mais également de pousser la section de stagiaires à se dépasser. L'esprit de cohésion qui se forge fait émerger solidarité et entraide amenant le collectif à vaincre les obstacles pour réussir la formation ensemble. Le choix de l'encadrement d'une formation militaire initiale de réserve (FMIR) est déterminant sur l'état d'esprit et l'opérationnalité d'une cohorte de nouvelles recrues. Chaque encadrant à son niveau de responsabilité représente la première image du soldat vis-à-vis des jeunes stagiaires. Cette image est décisive sur l'avenir des jeunes recrues. Elle forge leur imaginaire et leurs aspirations.

De fait, les cadres sont choisis par leur commandant d'unité pour leur exemplarité, leur sens de la pédagogie et leur bienveillance. Il leur incombe d'appliquer les principes du commandement avec sérieux, progressivité et rigueur. La dynamique qu'ils insuffleront influera grandement sur l'avenir des jeunes recrues et leur capacité à se projeter dans une carrière militaire, qu'elle soit d'active ou de réserve.

L'une des premières qualités que doit posséder un chef est le souci de ses hommes. Commander avec bienveillance et lucidité, sans faiblesse et avec justice. « *L'homme est l'instrument premier du combat* » écrivait avec justesse le colonel Ardant-du Picq. Au combat l'homme est la pièce maîtresse, acteur des victoires et des défaites, des actes héroïques ou des trahisons, de bienveillance ou de cruauté. *In fine*, la guerre est, selon la définition de Clausewitz, un affrontement de volontés. Une volonté inébranlable est le meilleur atout pour remporter la décision et la victoire. La puissance d'une compagnie d'infanterie réside dans sa force morale, sa volonté de vaincre et sa discipline bien plus que dans l'armement utilisé. Bâtir une cohésion, un état d'esprit, une volonté de vaincre se cultive jour après jour.

La rotation des effectifs est importante dans une compagnie de réserve. Structurellement, les nouvelles recrues ont majoritairement entre 20 et 25 ans et sont à une période charnière de leur vie. Motivées pour intégrer la réserve opérationnelle, ces nouvelles recrues ont réalisé un parcours de candidature de 6 à 18 mois, des prémices administratives à leur incorporation. Leur entrée dans la réserve se réalise souvent parallèlement à la poursuite de leurs études. Très disponibles hors des périodes d'examen, ils ont une visibilité relativement limitée à deux voire trois ans sur leur devenir dans la réserve. La fin de leurs études et les premières années de l'entrée dans la vie active sont marquées par les contingences de la vie (déménagement, mariage, naissance, nouvel emploi) qui remettent à chaque fois en cause le fragile équilibre entre vie personnelle, vie professionnelle et réserve opérationnelle.

Le départ de la réserve opérationnelle est bien souvent la conséquence d'une incapacité à conjuguer leurs impératifs quotidiens et leurs engagements à servir. Chaque sphère est exigeante en temps et l'équilibre est subtil. Une évolution professionnelle, la réussite d'un examen ou d'un concours, l'agrandissement de la famille ou un déménagement peuvent de par les nouvelles contraintes générées, conduire à quitter la réserve opérationnelle. La vie est une succession de choix et d'opportunités.

Etudier les causes de départ de la réserve opérationnelle, c'est faire face à la diversité des situations individuelles. Par goût pour la chose militaire, les uns tenteront et réussiront un concours prestigieux (officier sur titre, concours de commissaire de police ou d'officier de gendarmerie). J'y reviendrai. Pour d'autres, leurs études ou leur profession ne leur permettent plus de trouver le temps nécessaire, à l'instar d'un étudiant de médecine débutant son internat. Un éloignement géographique, des tensions conjugales, un projet de rénovation ne sont que des exemples parmi d'autres. Bien peu sont ceux qui quittent l'institution sans un regret et tous y ont trouvé une expérience qui a marqué leur personnalité. Ces phénomènes sont plus accentués en région parisienne avec une prédominance de situations non stabilisées soulevant de nombreux aléas sur la gestion prévisionnelle des effectifs.

Un autre facteur de plus en plus significatif est l'engagement dans l'active de nos réservistes à l'issue de leur passage dans la réserve, situation qui ne cesse de s'accroître ces dernières années. Ils conçoivent leur engagement dans la réserve comme une possibilité de tester leur motivation et de confirmer leurs aspirations. Bénéfique pour l'institution qui profite de personnels motivés et possédant les premiers rudiments, ce flux peut s'avérer problématique dans une unité de réserve s'il n'est pas anticipé. Le commandant d'unité doit connaître les aspirations de ses hommes pour leur proposer les missions les plus en adéquation avec leur parcours et allouer le plus utilement possible les places de formation. Généralement très investis, d'excellente condition physique et ayant de bonnes connaissances militaires, les futurs engagés dans l'active se voient bien souvent proposer des places en formation de sous-officiers ou officiers de réserve à quelques mois de leur incorporation dans l'active à Saint-Maixent ou Saint-Cyr Coëtquidan. Places qui feront défaut dans la pyramide des grades si elles ne sont pas attribuées avec parcimonie pour ces futurs engagés.

Conjoncturellement, l'actualité géopolitique ou le comportement de certains cadres peuvent avoir un impact positif accroissant la rétention des personnels ou *a contrario* délétère favorisant la mise en retrait des personnels les moins motivés.

Par ailleurs, le contexte sécuritaire ambiant et son relais médiatique influent fortement sur le volume et la qualité des candidatures au recrutement mais également sur la fidélisation des personnels. En période « normale », le flux des candidatures est relativement faible mais suffisant pour garnir les effectifs de nos formations sans pour autant devoir faire de la communication externe. La qualité des dossiers de candidature et les motivations des candidats sont hétérogènes. Les candidats et personnels s'engagent pour servir leur pays, par tradition militaire, par soif de nouvelles expériences ou comme tremplin avant d'intégrer l'active. En ces périodes de calme médiatique, la visibilité de l'armée est limitée aux cérémonies nationales et aux quelques opérations extérieures ou intérieures en cours. Peu de visibilité médiatique est synonyme de non priorité dans l'agenda politique et donc d'un certain désintérêt traduit par des coupes budgétaires.

A l'inverse, tout événement terroriste sur le territoire national se traduit par un sursaut national et un regain d'intérêt des média et de nos concitoyens. La « Grande Muette » est appelée à la rescousse et apparaît comme la solution ultime. De nombreux jeunes découvrent ou redécouvrent l'armée de la République et, dans un élan de patriotisme, frappent aux portes des centres de recrutement ou des compagnies de réserve. Cet afflux massif génère des déceptions notamment du fait des délais de traitement des dossiers qui s'allongent et du manque de places aux visites médicales, véritable goulot d'étranglement dans le processus de recrutement. Les formations initiales sont de fait sous-dimensionnées par rapport aux besoins.

En périodes de menace terroriste, la hausse du nombre de candidats favorise une meilleure sélectivité avec de nobles motivations axées sur la protection des concitoyens et l'engagement au service de la patrie. Cet engouement fut particulièrement marqué lors des attentats du 14 juillet 2016 à Nice. Dès le lendemain, le Président François Hollande mettait en avant la réserve opérationnelle, l'érigeant comme la solution d'une union nationale face à la menace sécuritaire. Cette annonce non anticipée a suscité un intérêt significatif de Français de tout âge qui ont accouru dans les jours et semaines suivants vers les centres de recrutement. Force est de constater que quelques années après cet engagement spontané, les rangs de ces volontaires du Bataclan se sont éclaircis.

Le commandant d'unité n'est pas maître de son recrutement. Dans l'active, les dossiers de candidature sont reçus et instruits par le centre d'information et de recrutement de l'armée de Terre. Le 24ème Régiment d'Infanterie a cette particularité de bénéficier d'une cellule autonome pour son recrutement. La réserve opérationnelle de l'armée de terre demeure méconnue pour de nombreux Français avec une communication institutionnelle faible hors période des journées nationales du réserviste. La population associe bien souvent à tort le réserviste à des citoyens volontaires non employés et non opérationnels. La surprise est totale quand ils découvrent les disponibilités exigées, les responsabilités données et les expériences vécues. La connaissance de l'existence de la réserve et des modalités d'accès se fait essentiellement suite à des recherches sur internet ou par le bouche à oreille d'amis ayant signé un engagement.

Le portail de la réserve opérationnelle connectée (ROC) permet à tout candidat d'initier son dossier et de collecter les pièces nécessaires à son étude. A l'issue, il est reçu en entretien afin de vérifier ses motivations et la cohérence de son parcours avec ses aspirations à rejoindre la réserve opérationnelle. Le cheminement du recrutement demeure fastidieux bien qu'informatisé depuis peu. Les candidats doivent fournir de nombreuses pièces justificatives et prendre rendez-vous dans un centre médical des armées. Parallèlement sont diligentées des enquêtes de sécurité. La sélection des candidats n'est pas aisée car nombre d'entre eux ont mûrement réfléchi leur choix et sont très attachés à l'institution et au monde militaire. En outre, leur expression orale est de bon niveau et argumentée. La principale difficulté est de confronter ce monde militaire idéalisé, notamment par l'histoire et le cinéma, à la réalité quotidienne ou en mission de soldats français. Les sacrifices à consentir notamment en disponibilité sont largement sous-estimés par les candidats et l'impact sur leur environnement familial et professionnel n'est que rarement pris à sa juste mesure.

II. VIVRE LA GENESE D'UN REGIMENT DE « CITOYEN-SOLDATS »

A. Les héritiers des soldats de l'An II

Armer un régiment de « citoyens-soldats » au début du XXIème siècle aurait pu apparaître comme un anachronisme alors que l'armée avait vocation à se professionnaliser. Le mouvement était d'ailleurs bien avancé avec la suspension de la conscription prononcée par le Président Jacques Chirac le 22 février 1996. La fin de la guerre froide justifiait pleinement le recours à des unités plus professionnelles, mieux équipées et capables d'être projetées sous court préavis sur des théâtres d'opérations en tout point du globe. Cependant le retour de la menace terroriste sur le territoire national et la redécouverte des conflits de haute intensité aux portes de l'Europe redonnent toute son acuité au modèle du citoyen-soldat, seul modèle permettant la levée en masse si la patrie est en danger.

Le modèle de la réserve opérationnelle tel que nous le connaissons aujourd'hui reste encore au stade de l'enfance et se révèle donc inabouti. La définition d'une vision, d'une ambition pour le soldat-citoyen demeure floue. Le réserviste se professionnalisant année après année est devenu une force d'appoint non négligeable pour l'armée d'active dont les effectifs sont limités et les contraintes fortes avec les multiples opérations extérieures engagées par la France. *De facto*, la réserve pallie les difficultés rencontrées dans le modèle actuel en renforçant l'active sur les opérations intérieures notamment en période estivale. En outre, de nombreux compléments individuels renforcent les personnels d'active sur des postes spécifiques et pointus. Le nouveau contexte stratégique et l'hypothèse d'un engagement majeur ayant pour corollaire un engagement de la masse imposent de mener une réflexion sur les attentes de la réserve opérationnelle.

Aujourd'hui, le volume de réservistes opérationnels est très limité au sein de l'Armée de Terre puisque l'on ne compte que 24 000 réservistes. Le nombre demeure marginal en comparaison de la démographie nationale. Les autres armées ne sont pas mieux pourvues avec 5700 réservistes dans l'armée de l'air et de l'espace et 6000 dans la marine nationale. Seule la gendarmerie, bénéficiant d'une forte décentralisation tire son épingle du jeu avec 30 000 réservistes. Les causes principales sont la rareté des unités dans des aires géographiques données, les régiments étant stationnés dans des zones rurales éloignées des viviers de population, et la méconnaissance de l'existence de la réserve opérationnelle ou la confusion avec la réserve issue du service national. En effet, avant le 31 décembre 2002, les hommes âgés de moins de trente-cinq ans et qui avaient achevé le service national rejoignaient « automatiquement » la réserve.

Pour le néophyte, le terme de réserviste recouvre des réalités très distinctes. La loi n°99-894 du 22 octobre 1999 portant organisation de la réserve militaire et du service de défense a créé deux réserves. La première est la réserve opérationnelle composée de volontaires aptes à servir (réserve opérationnelle de premier niveau) et d'anciens militaires non volontaires astreints à une période de disponibilité de cinq ans (réserve opérationnelle de second niveau). Les réservistes opérationnels de premier niveau (RO1) signent un engagement à servir dans la réserve (ESR) pour une durée d'un à cinq ans et réalisent en moyenne une quarantaine de jours d'activité par an. Ils s'entraînent sur une base régulière et sont équipés et soldés. La vaste majorité sont des *ab initio* et n'ont pas d'expérience militaire antérieure. L'analogie est aisée avec le sapeur-pompier volontaire qui s'entraîne, est équipé, affecté à une caserne et pose des journées de congés auprès de son employeur pour s'entraîner et partir en mission. La réserve opérationnelle de second niveau (RO2) est composée des militaires ayant quitté l'active pendant les cinq années suivant la fin de leur engagement. Ils sont astreints à une obligation de disponibilité s'ils sont rappelés. Des exercices nommés Vortex sont organisés pour tester la capacité à mobiliser ces personnels. La principale difficulté est de les contacter plusieurs années parfois après avoir quitté le service actif.

La deuxième réserve est la réserve citoyenne. Cette dernière rassemble des réservistes non affectés dans la réserve opérationnelle et dont le principal objectif est le renforcement du lien entre les forces armées et la Nation. Ces derniers ne bénéficient donc pas d'une formation militaire et ne sont pas engagés sur des activités ou missions. L'attribution d'un grade honorifique a été supprimée au 1er février 2024, antérieurement il leur été octroyé selon leur catégorie socio-professionnelle. Ils agissent bénévolement au travers de leurs activités civiles et de leur réseau pour accroître la visibilité et la connaissance des armées.

Défendre la sphère familiale et, par extension, la cité contre la menace extérieure est au cœur même de la notion de citoyenneté. Dans la Grèce antique, l'acquisition de la citoyenneté n'était obtenue qu'après le rituel de passage qu'était l'éphébie, une période de deux années où les jeunes hommes acquéraient les fondamentaux du maniement des armes. Le citoyen paie l'impôt du sang pour défendre la cité contre le barbare et protéger son foyer. Défendre la cité est le devoir inhérent à la liberté et aux droits acquis par la citoyenneté. Porter les armes est dès lors indissociable de la notion de citoyenneté.

Dans son histoire de la guerre du Péloponnèse, Thucydide rappelle ainsi que « *la force de la cité ne réside ni dans ses remparts, ni dans ses vaisseaux, mais dans le caractère de ses citoyens* » en faisant notamment référence à la force morale des Spartiates. Sparte ne disposait ni de remparts, ni de forteresses pour la défendre mais l'éducation des jeunes Lacédémoniens était tournée vers le métier des armes. Les enfants étaient pris en charge dès leurs sept ans par la cité et recevaient une éducation obligatoire et collective. Leur formation était orientée vers l'aguerrissement physique et l'éducation civique. Une vision du citoyen-soldat poussée à son extrême. Dans l'antiquité, porter les armes est consubstantiel à l'état de citoyen. Selon Polybe, l'armée romaine est ainsi meilleure que celle de ses rivaux car les romains sont des gens du pays et des citoyens. Le roi Servius Tullius avait introduit un système censitaire où chaque citoyen s'armait à ses frais et son emploi était différent selon son armement. Le consul Marius réorganise l'armée romaine en 106 avant J-C où le système censitaire est aboli, permettant aux plus pauvres de s'engager avec la rétribution d'une solde. Dans l'antiquité, perdre la guerre, c'est bien souvent perdre sa liberté et être réduit en esclavage par le vainqueur. L'effondrement de l'Empire romain fait émerger une société segmentée en trois ordres. Le clergé, la noblesse et la paysannerie. Le métier des armes est l'apanage du chevalier qui défend son fief et celui de son suzerain. Cette spécialisation perdurera durant toute la période médiévale. Paradoxalement, systèmes militaires antiques et médiévaux ne sont pas si opposés. En effet, les citoyens ne représentaient dans l'antiquité qu'une minorité de la population et reposaient sur un système largement héréditaire.

La Révolution française bouleverse l'ordre établi. Les privilèges sont abolis dans la nuit du 4 août et la Déclaration des droits de l'homme et du citoyen proclame dans son article premier que les « *hommes naissent et demeurent libres et égaux en droits. Les distinctions sociales ne peuvent être fondées que sur l'utilité commune* ». La Révolution est menacée dès sa genèse par les puissances monarchistes coalisées, un appel aux volontaires est lancé le 21 juin 1791 pour rejoindre la Garde Nationale nouvellement créée. Les citoyens ont obtenu des droits et libertés avec la Révolution française, à eux de défendre leurs acquis. Dès 1792, une coalition entre la Prusse et l'Autriche se forme sous le commandement du Duc de Brunswick pour écraser la Révolution française et rétablir l'intégrité du Roi de France. Les limites territoriales de la France et les acquis de la Révolution sont directement menacés par des puissances étrangères. Face à l'avancée des troupes coalisées, Danton prononce un discours mémorable devant l'assemblée nationale le 2 septembre 1792 qu'il achève par l'exhortation célèbre « *Il nous faut de l'audace, encore de l'audace, toujours de l'audace, et la France est sauvée* ». Il fédère les énergies pour repousser les envahisseurs par un sursaut citoyen. Le 20 septembre 1792, l'armée Prussienne est repoussée par les armées révolutionnaires de Kellermann et Dumouriez à Valmy aux cris de « Vive la nation ! ». L'exaltation des soldats affirmit leur force morale et leur détermination de vaincre, l'ennemi se replie devant une telle combativité. Le bruit de la victoire accourt à Paris, victoire tellement symbolique pour les armées révolutionnaires que la République est proclamée le 21 septembre. La Révolution française a façonné un modèle d'armée de conscription, clair et démocratique, où chaque citoyen participe au service militaire puisque l'armée est celle de la nation. Les premières levées de masse sont organisées dès 1793. La conscription est adoptée sous le Directoire avec la promulgation de la loi Jourdan-Delbrel du 5 septembre 1798 qui concerne « *tous les Français depuis l'âge de vingt ans accomplis jusqu'à celui de vingt-cinq ans révolus* ».

Les armées napoléoniennes s'appuieront grandement sur ce système qui permettra de lever plus de 2 200 000 hommes pour mener les campagnes de l'Empereur. Le décret du 29 décembre 1804 complétera la loi Jourdan-Delbrel par la mise en place d'un conseil de révision et le tirage au sort. Plutôt bien acceptée à ses débuts, la conscription fera l'objet de résistance dès lors que les effectifs à fournir augmenteront massivement, notamment pour reconstituer les régiments perdus en Russie. En 1814, Louis XVIII abolit la conscription dans sa charte constitutionnelle mais celle-ci est rétablie quatre années plus tard par loi Gouvion-Saint Cyr.

A l'issue de la guerre franco-prussienne de 1870, la IIIe République est proclamée le 4 septembre 1870 par Léon Gambetta qui réaffirme le principe de la conscription le 26 juin 1871 : « *Que pour tout le monde il soit entendu que quand en France un citoyen est né, il est né soldat* ». Le pays est exsangue, abattu par la perte de l'Alsace-Lorraine et le paiement de lourdes indemnités. L'esprit de revanche est omniprésent, le service militaire devient obligatoire pour tous les hommes par la loi du 27 juillet 1872 (loi Cissey) sans dispense, ni exemption. Le tirage au sort détermine la durée du service. Parallèlement, les états-majors français mettent en place dès 1872 des plans de mobilisation pour faciliter la concentration et l'acheminement des effectifs, notamment par voie ferrée. Le 21 mars 1905, la loi Berteaux impose le service personnel égal et obligatoire et supprime la méthode du tirage au sort.

Lors du premier conflit mondial, 3 780 0000 hommes répondent à la mobilisation générale du 1er aout 1914. A la fin du conflit, ce seront 8 410 000 soldats français entre 18 et 45 ans qui auront été mobilisés soit 20% de la population. L'armée d'active ne comptait que 880 000 hommes à l'aube du conflit (loi 1913). Pour le second conflit mondial, de nouveau cinq millions d'hommes sont mobilisés dont 2 274 000 directement au profit des armées.

Suite à l'effondrement du bloc soviétique, la menace évoluait et le maintien de la conscription ne se justifiait plus. Dès lors, la suspension du service national, annoncée par le Président de la République Jacques Chirac le 22 février 1996, mettait fin à une armée de masse. L'armée de terre prenait la voie de la professionnalisation avec des effectifs en nette diminution. Des économies substantielles furent ainsi réalisées sur les dépenses relatives à l'instruction des conscrits. En effet, les armées n'avaient plus à nourrir, loger, équiper et solder une classe d'âge. La contrepartie pour les forces armées consistait dans une allocation des ressources plus favorable au matériel et à l'instruction. Parallèlement, les citoyens volontaires pouvaient faire le choix de signer un contrat de courte durée soit douzue mois renouvelables au titre de volontaire des armées pour découvrir le métier des armes. En 2020, le nombre de volontaires était de 1300. Parallèlement, la loi 99-894 du 22 octobre 1999 a réorganisé la réserve militaire pour permettre à chaque citoyen de concourir à la défense de la nation.

Le tournant des années 2000 fut marqué par l'accentuation de la menace terroriste islamiste. L'attaque contre les tours jumelles du World Trade Center a orienté les engagements militaires de la France sur les deux décennies suivantes : Pamir (Afghanistan 2002-2014), Chammal (Irak, Syrie, 2014-), Barkhane (Sahel, 2014-2022). Sur le territoire national, le plan Vigipirate déclenché depuis dans le cadre de la lutte anti-terroriste avec un volet militaire a été renforcé depuis janvier 2015 dans le cadre de l'opération Sentinelle.

De surcroît, l'Armée française participa à de nombreuses projections qu'il s'agisse des opérations Harmattan (Lybie 2011), Sangaris (République centrafricaine 2013-2016), Licorne (Côte d'Ivoire 2002-2015) ou de la FINUL sous mandat de l'ONU au Liban. L'armée de métier s'approprie avec succès ces engagements avec des personnels entrainés et volontaires permettant à la France d'assumer pleinement son rôle sur la scène internationale.

Le réarmement du monde et la résurgence d'un conflit majeur sur le sol européen font craindre un changement de paradigme vers le retour du conflit symétrique de haute intensité. Celui-ci est indissociable de la masse et donc d'un nouveau concept d'emploi des réserves. Seule l'utilisation des réserves peut accroître rapidement la masse d'une armée professionnelle pour faire face à un conflit de haute intensité.

Nos concitoyens, réservistes opérationnels en 2022, sont actuellement pleinement employés dans le cadre de la lutte antiterroriste de l'opération SENTINELLE mais déjà le contexte international et l'évolution des menaces sur le sol européen augurent de nouveaux emplois. La doctrine a évolué remplaçant le concept d'emploi des unités PROTERRE (2009) par celui de concept commun de combat terrestre (C3T) en 2022. Les unités PROTERRE étaient destinées à remplir les missions communes de l'armée de Terre (MICAT) et donc axées sur les missions surveiller, interdire, tenir, boucler et soutenir. Les missions offensives étaient exclues du champ d'action. Le concept de combat terrestre s'adapte au durcissement de l'environnement international et a vocation à développer la capacité de toute unité à mener un combat d'intensité à pied, pouvant être temporairement et localement élevée mais d'ampleur limitée dans la durée de la confrontation. Le C3T définit une mission principale « contrôler » et trois missions tutrices pour le niveau compagnie : reconnaître, s'emparer de et défendre. Changement de paradigme, la mission « s'emparer de » est résolument offensive.

Parallèlement, le Président de la République Emmanuel Macron avait formulé en 2017 comme promesse de campagne la création d'un service national universel (SNU) afin de promouvoir l'engagement et récréer le socle d'un creuset républicain. Les jeunes ont la possibilité d'opter pour un volet avec une immersion très courte dans le monde militaire. Cela se concrétise au 24ème Régiment d'Infanterie par l'accueil de deux cohortes d'une trentaine de jeunes par semestre depuis 2021. Les jeunes lycéens ont un premier contact avec le kaki et découvrent l'univers militaire. Toutefois, il s'agit d'une découverte très superficielle. Les jeunes sont tous mineurs et pour des questions de responsabilité, les activités demeurent très limitées. De plus, bien que volontaires et ayant fait la démarche de participer au SNU, ce sont encore des enfants. Lors de la remise des attestations d'une fin de stage SNU, je fus stupéfait par l'écart de maturité entre un jeune de 16 ans et un jeune engagé de 19 ans. Pour être franc, l'immersion dans le monde militaire permet à ces jeunes de conforter ou non leur souhait de s'engager dans l'active. Dans son format actuel, la jeunesse des stagiaires est un frein à l'ambition de refonder un creuset républicain avec ce service national universel.

Notre jeunesse engagée au sein de la réserve opérationnelle est nourrie du même terreau s'exprime sur ce même terreau nourricier au service de la France et des libertés dans la continuité de leurs aînés.

B. Le défi de la structuration d'un régiment

Le 24ème Régiment d'Infanterie est une unité atypique dans l'armée française, une unité recréée en 2013 sous son format actuel et composée à 99% de réservistes. En une décennie, le chemin parcouru est significatif, l'avenir du régiment se joue désormais sur sa capacité à honorer ses missions opérationnelles et sur les nouvelles évolutions doctrinales axées sur la haute intensité.

Depuis 2013, plusieurs phases se sont succédées, permettant au régiment de grandir à un rythme rapide et de se consolider. La première étape englobant un échelon de reconfiguration, fut l'étape des pionniers avec la constitution d'une structure embryonnaire armée de cadres. Les deux premières années du régiment sont celles de la genèse. Le régiment cherche à gagner en notoriété à la fois vers les décideurs politiques et militaires pour asseoir sa légitimité mais également vis-à-vis des réservistes pour attirer des talents et cadres vers ce format nouveau. Rapidement, s'impose également la nécessité d'établir des dialogues constructifs avec l'ensemble des parties prenantes notamment sur le domaine logistique avec le groupement de soutien et le régiment support, le 121ème Régiment du train localisé à Montlhéry. Parallèlement, le régiment initialement du volume proche d'une section devait engager un processus de formation permettant de croître rapidement.

La seconde étape conduite par le lieutenant-colonel Philippe fut celle des premiers engagements opérationnels. La montée en puissance du régiment fut concomitante de la mise en place de Vigipirate puis de SENTINELLE. Une nouvelle étape était franchie. Le régiment avait augmenté ses effectifs et était engagé sur les opérations intérieures. Le régiment dont la feuille de route n'avait pas été précisée à sa création y trouvait le moyen de prouver son efficacité et son utilité. La participation à la mission SENTINELLE permettait rapidement de concrétiser un retour sur investissement opérationnel du régiment en soulageant les personnels d'active des unités du pilier. Le lieutenant-colonel Philippe parvint dans la seconde partie de son commandement à armer une section en auto-relève sur six mois en mission SENTINELLE, ce qui était une réelle prouesse et attestait de la capacité du 24ème RI à honorer les missions qui lui étaient assignées. Cet effort considérable était corrélé à la montée en professionnalisme à la fois sur l'instruction mais également sur la préparation des missions. L'accroissement des effectifs était notable. Une troisième compagnie avait été créée sur Versailles.

Après cette période d'hyper-croissance, le lieutenant-colonel Claude mit l'accent sur la structuration et l'autonomisation du régiment. Une étape indispensable pour assurer la pérennité de l'unité. L'autonomie fut acquise dans les domaines du secourisme et de la gestion budgétaire. De même, les premiers process furent mis en place avec la rédaction de corpus documentaires. Le régiment, grandi de ses premiers succès opérationnels, s'installait dans la durée. Une quatrième compagnie à Versailles était créée durant son temps de commandement. Le régiment avait désormais un effectif avoisinant les six cents hommes.

Les efforts de représentation vis à vis de l'extérieur se poursuivirent avec le lieutenant-colonel Goulven qui permit au régiment d'être engagé sur l'opération Résilience en pleine pandémie du Covid-19 puis d'armer une UCT3 (unité de combat terrestre à trois sections soit l'équivalent de 82 personnels) sur la mission SENTINELLE, ce qui est un effort considérable pour un régiment composé de réservistes. L'engagement sur Résilience, bien que modeste en volume, fut une réussite répondant à une vraie attente des personnels qui, pour la majeure partie, étaient confinés chez eux et ne demandaient qu'à être employés pour participer à l'effort national.

Le lieutenant-colonel Emmanuel a imposé un style de commandement plus ferme et exigeant vis-à-vis de ses personnels. Si la tenue et l'attitude des personnels gagnaient en rigueur et en prestance, l'interdiction du port de la barbe a conduit au désengagement d'une partie des personnels. Cette perte de personnels fidèles conjuguée à une incapacité à renouveler les effectifs avec des nouvelles recrues de moins en moins nombreuses maintenait le régiment dans un sous-effectif chronique de cadres et désormais de jeunes recrues. Seul l'engagement hors norme de certains personnels et l'énergie des commandants d'unité comblaient ce déficit alors que le régiment avait à conduire le plus grand exercice de sa courte existence et à démontrer sa capacité opérationnelle.

Son successeur le lieutenant-colonel Laurent hérite de nouveaux défis. Il aura à gérer le complexe dossier du déménagement du régiment sur Versailles en 2024 suite à l'installation d'une autre unité au Fort Neuf de Vincennes dès 2028 ainsi que le déploiement du régiment sur les jeux olympiques. La subordination du régiment est sur la même période transférée du commandement logistique (COMLOG) au gouverneur militaire de Paris, ce qui aura des implications logistiques, opérationnelles et de commandement significatives.

Aujourd'hui, le 24ème Régiment d'Infanterie demeure un objet unique et atypique dans le paysage militaire français. Il concentre les regards avec de nombreux défenseurs mais également des détracteurs. L'incertitude plane sur son avenir et l'éventuelle multiplication de son modèle mais l'hypothèse de plus en plus prégnante de la possibilité d'un engagement majeur dans les prochaines décennies impose de ne pas négliger l'expérience engrangée par cette unité hors norme.

L'intensification du conflit ukrainien et la résurgence d'un potentiel conflit en Europe ont bouleversé les lignes. La campagne présidentielle fut marquée par la promesse d'accroître le volume des réserves. A l'automne 2022, une profonde réflexion est en cours sur l'organisation et les missions des réserves. Le ministre des armées, Sébastien LECORNU a annoncé le doublement des effectifs de réservistes début septembre dans la lignée du discours du 13 juillet du Président de la République. La réserve opérationnelle est au cœur de toutes les attentions, car elle serait une pièce essentielle en cas de conflit sur le territoire national. En conséquence, les visites d'autorité se sont amplifiées afin de mieux connaître le régiment atypique qu'est le 24ème RI. L'une des voies les plus pertinentes pour atteindre l'objectif de doublement des effectifs de la réserve opérationnelle est, en effet, de dupliquer le modèle du 24ème RI. Avec un recul de près de dix années, nous avons une visibilité sur ce qui a été accompli, les réussites et les difficultés persistantes. Ces éléments permettront d'orienter les pistes de travail avec un éclairage pragmatique.

La complexité de la gestion du matériel dans une unité atypique

La gestion du matériel est une problématique récurrente pour le régiment, *a fortiori* pour un régiment composé essentiellement de réservistes. En effet, notre statut de réserviste induit que les personnels ont une activité professionnelle en semaine et que les échanges en présentiel sont par essence limités aux périodes de convocation. Notre organisation interne manquait de structuration. La création en gestion d'un Bureau Maintenance et Logistique (BML) ainsi que d'une Section Commandement et Logistique (SCL) n'a fait qu'accroître la confusion sur les rôles et responsabilités de chacun. L'absence de responsabilisation a irrémédiablement conduit à des déficiences. Un travail de structuration en profondeur a été initié par le nouveau chef BML afin de poser les problématiques et d'apporter des solutions pérennes.

In fine, les compagnies assurent pleinement la gestion de leur matériel et la coordination avec les autres unités voire parfois avec les interlocuteurs externes au régiment. L'harmonisation est assurée par la bonne entente et la communication entre les différents officiers adjoints et adjoints d'unité mais le risque de méconnaissance de certains process ou de demandes redondantes ou passant par le mauvais canal est prégnant.

De plus, les relations avec les interlocuteurs externes sont généralement longues à se nouer. En effet, le groupement de soutien de Vincennes est en charge de nous assurer le support pour l'alimentation, l'hébergement et le transport en gamme commerciale. Les interlocuteurs sont multiples et travaillent exclusivement du lundi au vendredi midi. Leur emploi du temps et nos contraintes professionnelles en tant que réservistes nous conduisent à privilégier les échanges mail et téléphoniques au détriment des échanges physiques propres à une meilleure compréhension. De fait, nos interlocuteurs ont des difficultés à nous identifier et à comprendre notre organisation. En outre, ils font parfois des excès de zèle et n'essaient pas de comprendre nos contraintes. D'autant plus que n'étant pas présents physiquement pour exprimer notre mécontentement lorsqu'il y a lieu, nous apparaissons comme moins revendicatifs. Si l'hébergement et la restauration n'ont posé aucun souci durant les deux années de mon commandement ayant rapidement compris que si la commande avait été correctement rédigée et anticipée dans les délais, le nécessaire serait fait. Il n'était pas de même sur les véhicules gamme commerciale. Je ne pouvais que constater que les véhicules abimés, tombant souvent en panne...nous étaient systématiquement alloués. A force, je connaissais la plaque d'immatriculation par cœur de l'un des véhicules qui nous était par principe attribué. Ce même véhicule était pourtant un cercueil ambulant. Malgré mes réticences, je n'avais d'autre choix que d'accepter le véhicule ; aucun autre ne m'étant proposé. A titre illustratif, il a fallu attendre que ce même véhicule, tombé à trois reprises en panne, soit dépanné en mission opérationnelle de nuit pour qu'il ne soit plus remis dans le circuit. Je ne sais si cela frôlait l'inconscience ou le manque de ressource avec un parc automobile extrêmement réduit mais une attention particulière devrait être portée à la maintenance de la gamme commerciale. A leur décharge, il est vrai que l'accidentologie (bien souvent très bénigne heureusement : rayure, légère déformation de la carrosserie, rétroviseur) était supérieure à la norme sur la première année de mon temps de commandement. Ce phénomène s'explique par la localisation en région parisienne et le flux de véhicules tout comme la présence de conducteurs moins expérimentés avec les gabarits des véhicules type boxer ou jumpy.

Le 121ème Régiment du Train appartenant au même pilier que nous était notre corps support. C'est lui qui réalise la maintenance sur nos véhicules gamme tactique et sur le matériel sensible (transmission, optique, NRBC). Malheureusement les relations entre les deux unités ont été insuffisamment entretenues, et chaque perte ou casse n'a fait que dégrader les relations. Dès lors, les rapports se limitaient au strict minimum alors que quelques échanges de part et d'autre et une compréhension mutuelle des enjeux et problématiques de chacun aurait pu rapidement assainir la situation et rendre cette relation constructive.

Un autre point était régulièrement évoqué concernant l'obsolescence du matériel. Il est tout à fait compréhensible et normal que les nouvelles générations d'équipements soient attribuées en priorité aux unités déployées en opération extérieure. Toutefois, certains de nos matériels apparaissent comme datés notamment concernant les transmissions et l'armement ou les protections balistiques. Nul doute que les renouvellements vont être réalisés mais la durée de latence est anormalement longue et donne une image d'obsolescence à des réservistes qui sont citoyens et contribuables en lien quotidien avec la société civile et qui sont d'ardents défenseurs de la chose militaire.

Enfin, l'une des difficultés endémiques du régiment résidait dans la perception et la réintégration des matériels. Trouver des précurseurs et postcurseurs pour les activités et tirs mensuels n'était pas aisé hormis quelques habitués ayant pris leurs dispositions avec leur emploi civil. Pour les missions et exercices, j'imposais une convocation un jour de plus pour être sûr que les réintégrations ne seraient pas réalisées dans la précipitation. Le rôle de précurseur n'est pas anodin. Sans lui, le matériel nécessaire à la réussite de la mission ne peut être perçu. Il est garant de la bonne réalisation de la mission et est un rouage essentiel en contrôlant et préparant le matériel. Au sein des compagnies, il est difficile de posséder un pool de précurseurs correctement formés et disponibles à la perception et à la réintégration à chaque activité. De fait, nous avons structuré au mieux avec des fiches, process, check-lists l'organisation des perceptions et réintégrations pour limiter les déconvenues. La méconnaissance des interlocuteurs ou des matériels est préjudiciable, certains interlocuteurs profitant de la crédulité de précurseurs novices. Idem pour les postcurseurs, pourtant leur rôle est absolument essentiel. Bien des missions ou activités sont des réussites sur le plan opérationnel et se trouvent sous le feu des critiques pour une réintégration bâclée ou un compte rendu manquant portant le discrédit sur l'unité alors que le manquement est mineur et bien souvent exagéré à dessein.

L'incompréhension de nos problématiques prête parfois à sourire. Ainsi, l'une des solutions préconisées fut de proclamer que « *Tout personnel qui perçoit le vendredi réintègre le lundi* ». Une affirmation rationnelle et simple qui prend tout son sens dans l'armée d'active mais en total décalage avec les disponibilités d'un réserviste. Ma compagnie est en activité près de trente week-end par an, les réservistes qui parviennent à se libérer le vendredi ou le lundi ne sont pas légion et sont souvent différents d'une activité à l'autre. Exiger qu'un employeur libère le réserviste le vendredi pour les perceptions et le lundi pour les réintégrations relève d'une méconnaissance totale du monde de l'entreprise. Exceptionnellement cela est possible mais vu le rythme des activités et les multiples négociations à mener avec son employeur pour se libérer en jours ouvrés, cette proposition n'est pas réaliste. En définitive, dans 80% des cas les postcurseurs ne sont pas les mêmes personnels que les précurseurs et la passation de consignes permet de pallier cette faiblesse.

<u>La communication, un enjeu majeur</u>

La communication revêt un enjeu majeur pour l'Armée de Terre. Avec la disparition du service national et les évolutions de modes de vie et attentes de la société, il est crucial de communiquer et de s'adapter aux nouvelles technologies à la fois pour valoriser l'image de l'armée de terre et pour recruter.

Le paradigme est le même au niveau régimentaire. Le $24^{\text{ème}}$ régiment d'infanterie est la vitrine de la réserve opérationnelle. Situé en région parisienne, le régiment est souvent sollicité pour les visites d'autorités. La communication est importante à plusieurs égards. Premièrement pour accroître la notoriété du $24^{\text{ème}}$ RI qui demeure atypique et méconnu du monde civil et parfois militaire. Deuxièmement pour donner de la visibilité dans le cadre des campagnes de recrutement, les informations étant parfois difficiles à retrouver sur internet alors que le régiment assure son propre recrutement. Troisièmement pour renforcer le sentiment d'appartenance et la fierté de servir l'institution.

La maîtrise de l'image est essentielle. Le développement des réseaux sociaux et le culte de l'instantané font de la communication un formidable promoteur de l'image du régiment ou *a contrario* son fossoyeur si elle n'est pas maîtrisée. Un officier communication a ainsi été désigné pour coordonner les actions de communication, promouvoir le régiment et échanger avec le service d'information et de relations publiques de l'armée de terre (SIRPAT) et les interlocuteurs externes (établissements d'enseignement supérieur, entreprises). Au surplus, l'officier sécurité du régiment réalise avec ses référents présents en compagnie une veille en continu des réseaux sociaux avec une redoutable efficacité. A titre illustratif, j'ai ainsi découvert qu'un de mes personnels heureux d'être en mission avait réalisé une vidéo sur le réseau Tiktok de quinze secondes. La chorégraphie réalisée cumulait plus de 300 000 vues en moins de quatre heures. La suppression de la publication a été rapide et le personnel a été reçu en cahier de rapport hiérarchique. Dans le cas présent, il n'y avait pas atteinte à l'image ou à la sécurité des armées, mais la diffusion de contenus sur les réseaux sociaux est prohibée.

Au niveau de la compagnie, le sergent Ophélie assure avec brio la fonction de référent communication. Elle coordonne les actions régimentaires avec l'officier communication et lui fait parvenir les clichés réalisés lors de nos activités. Disposant de son propre matériel photographique, elle a élaboré les cartes de vœux de mes deux années de commandement d'une manière très professionnelle. Ses clichés sont régulièrement publiés sur la page Facebook du régiment et certains ont été diffusés en juillet 2022 dans le magazine de l'armée de terre TIM (terre information magazine) voire primés lors d'une exposition photographique mettant à l'honneur les sous-officiers de l'Armée de Terre.

Parallèlement, pour renforcer l'esprit de corps au sein de l'unité, nous avions lancé sur nos deniers la création d'objets promotionnels. L'un de mes soldats au sein de la section commandement possédait de réels talents de graphiste, que mon prédécesseur et moi avions su mettre à profit. Ayant redessiné un insigne compagnie avec un Phoenix d'allure plus moderne et dynamique, il disposait des fichiers vectoriels et pouvait les adapter pour tout type de commande. La première création fut la confection d'un pin's compagnie de belle facture chez DELSART. Puis, nous avions réalisé un mug compagnie avec une anse type mousqueton, très pratique pour l'utiliser sur le terrain. Enfin, un T-shirt compagnie avait été confectionné aux couleurs de la première compagnie, le bleu royal, donnant un ton très dynamique et une uniformité lors des footings compagnie. Parallèlement, nous avions investi dans la réalisation d'une bâche compagnie de plus de cinq mètres de large avec une réalisation très soignée. Cette bâche accroissait notablement la visibilité de la compagnie lorsque nous étions en déplacement. C'était une excellente idée ! Poursuivant sur cette lancée, nous avions également imprimé 2 000 autocollants, confectionné un calendrier mettant en avant les personnels et réalisé une oriflamme aux couleurs de la compagnie. Nous étions proactifs sur ce segment, à la fois pour accroître la visibilité de la compagnie mais également pour que chaque soldat puisse être fier de son engagement auprès de ses proches.

Nous fourmillions d'idées. Lors de l'une des FMIR, le lieutenant Charles avait lui-même réalisé une vidéo en format court illustrant parfaitement le déroulé de ce stage. Cette vidéo avait le double avantage de valoriser les personnels présents et de visualiser concrètement du début à la fin les grandes étapes d'une FMIR.

Quelques initiatives furent mises en œuvre la seconde année de mon commandement par l'officier communication régimentaire. La première fut la réalisation de portraits de réservistes mis en ligne chaque mois sur LinkedIn. Ces portraits valorisent les personnels et sont un signe de reconnaissance des sacrifices accomplis dans leur double vie de citoyen et de réserviste. Les compétences acquises dans le monde militaire sont ainsi mises en avant dans la société civile. La seconde fut l'organisation d'une journée ouverte aux employeurs de nos réservistes. Une invitation fut adressée à chaque employeur. L'idée sous-jacente étant de leur présenter la réserve, les dispositifs existants, les compétences acquises et transférables dans l'entreprise. Mieux l'employeur comprend ce que fait la réserve et comment elle fonctionne, plus il est enclin à agir favorablement envers ses réservistes.

En définitive, la communication véritable fer de lance du rayonnement au niveau régimentaire demeure sous-exploitée. Les ressources en compétences étaient pléthoriques mais non identifiées ou mises en avant. Le régiment comptait des journalistes, monteurs vidéo, chargés marketing ou de communication, graphistes, photographes. Tout l'enjeu consiste à fédérer ces personnels et à donner l'impulsion pour qu'ils puissent partager l'univers militaire. La réserve militaire souffre d'une profonde méconnaissance au sein de l'armée et *a fortiori* dans le monde civil.

Faire grandir ses subordonnés

Faire progresser ses hommes est l'une des constantes du chef. En cela, la notation doit retranscrire le plus fidèlement possible les actions réalisées par chacun de ses subordonnés, décrire leurs qualités et axes d'amélioration. L'exercice est très codifié et chronophage. Les appréciations sont préparées par chaque chef de section sur leurs personnels respectifs et sont ensuite corrigées par le commandant d'unité puis par le chancelier pour que le vocable utilisé soit le plus intelligible possible pour un œil averti. L'évaluation des personnels doit s'appuyer sur des critères objectifs et une appréciation décrivant leur personnalité, leurs qualités et réalisations sur l'année écoulée. S'efforcer d'être juste pour classer les personnels selon leur mérite et favoriser leur inscription au tableau d'avancement est une nécessité pour fidéliser et pérenniser l'encadrement. Les négligences dans la rédaction des notations sont bien souvent préjudiciables au déroulement de carrière des personnels et impactent négativement motivation et fidélisation. Pour les missions de courte durée, des notations intermédiaires sont rédigées par le chef de détachement pour aider le notateur final, le commandant d'unité, dans la rédaction de son appréciation annuelle.

En parallèle, il est opportun pour le commandant d'unité de conduire une revue d'effectifs. Celle-ci est un moment privilégié avec chaque personnel pour connaître sa situation personnelle et professionnelle mais également ses aspirations dans la réserve opérationnelle. Elle est nécessaire pour faire un point de situation et prendre du recul sur la carrière de l'intéressé. Pour être efficace, elle doit être soigneusement préparée par le soldat et son supérieur hiérarchique. Cet échange est souvent bénéfique pour le supérieur comme pour le subordonné. Le parcours de carrière dans la réserve opérationnelle est relativement bien structuré. La formation initiale est organisée autour d'un cursus commun permettant des évolutions internes et changements de catégorie.

A l'issue de la signature de son contrat, la jeune recrue réalise ses classes, appelées formation militaire initiale du réserviste (FMIR), d'une durée d'une quinzaine de jours avec un programme normé définissant le volume horaire d'instruction et ses composantes incluant les fondamentaux du tir, du combat, de la topographie, cours sur les transmissions, le règlement des conflits armés, l'organisation de l'Armée de Terre, les explosifs, le NRBC (nucléaire, radiologique biologique, chimique)….Les savoir faire et le savoir être du militaire y sont abordés. L'une des quatre compagnies qui composent le régiment est désignée pour l'encadrement de chaque stage et intègrera dans ses rangs à l'issue de la période initiale la majorité des personnels formés. Le reliquat est réparti dans les autres compagnies souvent du fait de contraintes géographiques. Le 24ème RI est en effet localisé sur deux sites, Vincennes et Versailles.

A chaque passage de catégorie de grade, des formations complémentaires pour évoluer sont proposées. Pour la catégorie des militaires du rang, en fin de FMIR[2] est décerné le certificat pratique réserve (CP-R) qui valide l'acquisition des fondamentaux. Quatre à six mois plus tard, les jeunes recrues sont élevées à la distinction de première classe. Après douze à dix-huit mois d'expérience, il est possible pour le jeune soldat selon ses aspirations, le calendrier et les places disponibles de passer le certificat d'aptitude militaire élémentaire (CAME)[3] à l'issue duquel il sera promu par décision du chef de corps au grade de caporal. Les caporaux anciens pourront après avoir fait leurs preuves passer le certificat d'aptitude technique élémentaire (CATE) qui leur permettra d'accéder au grade de caporal-chef. Au régiment, une formule de validation des acquis atteste un parcours de prérequis s'achevant par un rallye final attribuant le diplôme du CATE.

Pour accéder à la catégorie des sous-officiers, les candidats sont proposés par leur commandant d'unité à une commission qui sélectionne les éléments qui partiront à la formation générale de 1er niveau de réserve (FGR1)[4]. A partir du grade de sergent-chef, il est nécessaire de suivre une formation complémentaire la FGR2 pour acquérir des responsabilités supérieures. Le stage des sous-officiers d'état-major (SOFEM) permet de compléter la formation.

Le parcours officier est composé du tronc commun qu'est la formation

---

[2] La formation militaire initiale de réserve a changé d'appellation pour devenir la formation générale initiale de réserve (FGI-R) à compter de septembre 2023.
[3] Idem, la formation générale élémentaire de réserve (FGE-R) a remplacé le CAME et la formation de spécialité élémentaire de réserve (FSE-R) a remplacé le CATE
[4] la formation initiale à l'encadrement (FIE) était le nom de cette formation avant 2022

initiale d'officier de réserve (FIOR) et qui se subdivise ensuite en deux branches. La première qui est la « voie commandement » et qui comprend deux niveaux: le stage chef de section puis le cours des capitaines (CFCU). Ce cursus est destiné aux officiers appelés à commander une section puis une unité élémentaire. La seconde voie qui est la « voie état-major », avec également une subdivision: le stage d'initiation aux techniques d'état-major (SITEM) et le Certificat d'état-major (SCEM). Les deux cursus convergent ensuite vers le diplôme des officiers de réserve spécialistes d'état-major (ORSEM) équivalent au diplôme d'état-major dans l'active et qui permet d'accéder aux responsabilités d'officier supérieur.

Les appellations peuvent être modifiées selon les réformes de même que les programmes ou les modalités d'accès. Celles-ci ont ainsi pu fortement varier sur la dernière décennie. La structuration de la réserve opérationnelle qui a accompagné la professionnalisation des armées est un processus itératif. Les modalités d'accès à la catégorie des officiers ont ainsi pu évoluer selon les millésimes avec au début des années 2000 des possibilités d'équivalence selon le diplôme civil et, une décennie plus tard des possibilités d'accès direct en postulant immédiatement à un centre d'information et de recrutement de l'armée de terre (CIRFAT). Seule subsiste désormais, la possibilité offerte par le programme grande école qui permet à des étudiants en fin de cycle master de suivre une scolarité courte à Saint-Cyr Coëtquidan puis d'être immergés quelques mois dans un régiment.

Au-delà du cursus généraliste, il existe une multitude de formations de spécialités. Ces formations sont bien souvent accessibles aux réservistes mais les prérequis nécessaires ou les postes à occuper pour pouvoir être inscrits limitent fortement l'accès à ces stages pour des *ab initio*. Pourtant, nous comptons de réels talents qui surpasseraient certainement nos camarades d'active sur certains stages. Les profils sont tellement hétérogènes, l'un de mes personnels était quart de finaliste au niveau mondial en MMA (*mixed martial arts*) et membre de l'équipe de France de MMA militaire et pourtant impossible de l'inscrire au stage monitorat C4 (combat corps à corps adapté au combat de haute intensité). Il n'était pas prioritaire. Idem, l'une de mes chefs de groupe est psychomotricienne et souhaitait réaliser le stage monitorat d'optimisation des ressources dans les forces armées (ORFA) qui a vocation à optimiser les potentiels par des techniques de relaxation, gestion du stress et visualisation. A force de ténacité et à la troisième tentative, elle fut admise au stage où sa participation fut grandement appréciée car elle apportait un regard du milieu de la santé qu'elle côtoyait quotidiennement.

Heureusement, certains stages de spécialité sont beaucoup plus ouverts. Ainsi, les stages de monitorats IST-C (instruction sur le tir de combat) et TIOR (techniques d'intervention opérationnelles rapprochées) étaient proposés régulièrement aux quatre compagnies. Le nombre de places offertes était limité par rapport à la demande mais chaque compagnie pouvait espérer former *a minima* un moniteur par an. A la marge, sont également organisés ponctuellement des stages spécialisés sur le NRBC (nucléaire, radiologique, biologique, chimique) pour l'adjudant d'unité ou des stages matériel sur la connaissance de l'armement petit calibre.

Parallèlement, le régiment proposait judicieusement des immersions de courte durée au régiment du 5ème dragon et au centre de formation initiale des militaires du rangs (CFIM) de Montlhéry pour professionnaliser nos jeunes officiers et sous-officiers aux fonctions qui sont les leurs. Ces brèves immersions permettent de découvrir le quotidien de leurs homologues d'active et d'acquérir des réflexes et savoir être.

Afin de favoriser l'apprentissage en continu et de faciliter le transfert de connaissances, notamment entre diplômés et candidats à un stage, le BOI avait mis en place une structure de formation interne appelée « Académie du 24 ». L'initiative était perspicace et louable, elle partait du constat que nous souffrons bien souvent d'un déficit de formation des cadres et d'un manque d'homogénéisation des programmes d'instruction du fait de la segmentation en quatre compagnies. Pour reprendre la métaphore de Bernard de Chartres, nous sommes « *des nains juchés sur des épaules de géant* », il serait en effet dommage de se priver de puits de connaissance. Toutefois cette initiative fut inaboutie par manque de pragmatisme (les instructions étant en présentiel en fin de journée ouvrée) et la contrainte d'un agenda surchargé qui ne permettait que difficilement d'ajouter des créneaux spécifiques.

L'exercice du commandement exige donc de prendre le temps de former, de renouveler ses ressources et de détecter ses futurs cadres. L'identification des potentiels, la reconnaissance des aspirations personnelles et la gestion de la carrière des personnels sont primordiales. La gestion d'une compagnie exige un investissement humain considérable. Pour que chacun donne le meilleur de lui-même, le chef doit avoir le souci de ses hommes. Le soldat est la source de la force militaire. C'est l'homme, soldat et citoyen, qui combat, manœuvre, ouvre le feu et qui *in fine* par ses qualités physiques et sa force morale emporte la décision.

Avoir une capacité d'innovation continuelle facilite grandement la gestion d'une unité, notamment dans la réserve opérationnelle où les problèmes sont légion. Chaque matin, je me retrouvais avec de nouvelles problématiques humaines, matérielles ou organisationnelles qui mettaient en péril mes prochaines activités. Chaque soir, j'avais la satisfaction d'avoir solutionné quelques-unes des difficultés rencontrées. Mon principe était de résoudre le plus rapidement chaque problème avant qu'il ne provoque un effet boule de neige. Nombreux furent mes interlocuteurs surpris par l'instantanéité de mes réponses mais je trouvais là le moyen de clore un sujet et la vitesse est gage d'efficacité et de crédibilité.

Dans le monde de l'entreprise, la capacité d'innovation est nécessaire à la survie. L'innovation génère la croissance dans un cycle de destruction créatrice comme le présentait l'économiste Schumpeter. En écho, les gaps technologiques dans l'univers de l'armement procurent des atouts considérables à ceux qui les maîtrisent. A notre niveau, l'innovation était essentiellement de type organisationnel. Les contraintes dans la réserve opérationnelle sont multiples et sont liées au fait que le métier des armes n'est pas l'activité principale des personnels. Ils conjuguent leur amour pour la patrie avec une vie professionnelle et familiale ; les difficultés croissent dès lors à un rythme géométrique. L'absence d'échanges quotidiens et physiques rend la coordination compliquée et a pour inévitable corollaire un cloisonnement de l'information. A cela s'ajoute la spécificité que les personnels ne sont jamais tous présents sur une même activité. De fait, le suivi des instructions doit être individualisé.

Enfin, l'un des irritants majeurs pour le réserviste opérationnel est la demande récurrente des mêmes documents ou informations du fait d'un cloisonnement des données. Pour le jeune professionnel ou cadre, le fait de lui demander à quatre reprises la taille de ses vêtements ou la plaque d'immatriculation de son véhicule semble incompréhensible.

Afin de gagner en productivité et grâce aux ressources humaines dont je disposais, nous avions lancé une application interne appelée « Le Phoenix » sur l'initiative du lieutenant Charles, consultant dans le privé. Cette application permettait d'accéder à la planification et de prospecter auprès des personnels pour les inscriptions aux activités. Ces fonctions sont devenues désuètes avec la mise en œuvre de l'outil Réserve Opérationnelle Connectée (ROC) qui disposait des mêmes fonctionnalités avec un flux direct vers le système de solde. L'application servait également de base de données centralisée en temps réel pour collecter quelques informations récurrentes et pour saisir l'ensemble des instructions validées par chaque personnel. Son utilité était réelle, elle permettait un gain de temps considérable et un accès en tout temps et en tout lieu d'informations nécessaires au bon fonctionnement de la compagnie. Une véritable cellule administrative avait été créée sous la houlette du sergent Nicolas pour la développer et saisir les données. La sécurisation des données et des accès était l'une de nos préoccupations majeures, des contrôles des habilitations et un accès avec deux facteurs d'authentification avait été mis en place.

Il est vrai que l'arrivée du portail ROC aurait pu sceller la fin de cette initiative. Ce nouvel outil permettait de commander des e-billets pour les déplacements en train sur le trajet domicile-lieu d'affectation avec une simplicité déconcertante. ROC offrait également au commandant d'unité la possibilité de convoquer l'ensemble de ses personnels et de valider leur présence tout en ayant accès aux dates de fin de contrat et de fin de validité de visite médicale périodique. Les extractions sous format Excel sont facilitées permettant ainsi d'analyser et d'exploiter les données. *In fine*, ce nouvel outil se révélait être un outil de prospection très efficace qui éprouvait une certaine complémentarité avec « Le Phoenix » dont la vocation était désormais d'être une base de données centralisée. ROC apportait des solutions mais les délais de maintenance significatifs étaient préjudiciables au bon fonctionnement de l'outil.

La cellule administrative d'une compagnie est en effet constamment en activité. La saisie des jours de convocation et la validation des présences forment l'essentiel de l'activité. En parallèle, la cellule gère les mutations, les renouvellements de contrat, le suivi des visites médicales périodiques et les interrogations des personnels sur des sujets très divers (changement d'adresse, problème de journée non soldée,…).

C. Commander et pérenniser

Avoir l'honneur de commander une compagnie est une expérience exceptionnelle, une expérience du commandement et du sens des responsabilités qui ne peut se vivre que sous les armes. Paradoxalement, les vocations se font rares à cause des sacrifices à consentir et du rythme soutenu des activités.

L'entente entre commandants d'unité était excellente. Nos quatre compagnies éprouvaient les mêmes difficultés et nous avions développé une solidarité sans faille. Chacun de nous savait qu'il était de l'intérêt du régiment et de chaque compagnie d'allier nos forces pour réussir à remplir nos missions. Nous ne devions pas batailler pour des guerres d'ego mais pour surmonter tous les obstacles qui se dressaient les uns après les autres et remplir nos missions avec succès. L'entraide entre compagnies était indispensable tant sur le prêt de matériels que sur le prêt de ressources humaines pour combler des effectifs lacunaires sur telle ou telle activité. Sans cette solidarité, de nombreuses activités auraient dû être annulées ou réalisées dans un format minimaliste. Nous échangions très fréquemment voire quotidiennement pour la gestion de nos compagnies sans ingérer dans celle de nos camarades. Une saine compétition ou plutôt une émulation émergeait entre les compagnies. Chacun avait à cœur que sa compagnie fût meilleure que celle de ses camarades; l'objectif était de tirer collectivement vers le haut l'ensemble des compagnies dans l'intérêt du régiment. J'essayais de garder le rythme pour que ma compagnie fut toujours la première comme sa devise « *Semper Primus* » l'exigeait !

Au quotidien le commandant d'unité gère les relations avec le chef de corps et le chef du bureau opérations-instruction. Il participe mensuellement au grand rapport, qui est l'équivalent d'un comité de direction en entreprise pour recueillir de l'information, se coordonner et remonter d'éventuelles demandes ou problématiques de l'unité. Il échange avec les interlocuteurs de l'état-major sur la chancellerie, la logistique, les ressources humaines. Il prépare et relit les notes de service pour ses activités avant de les transmettre au bureau opérations-instruction. Epaulé par un officier adjoint, un adjudant d'unité et une cellule administrative, il délègue de nombreuses tâches mais la responsabilité lui incombe. De plus, il dispose d'une vision globale avec la prise en compte des priorités de l'échelon supérieur et des problématiques de ses interlocuteurs. Les chefs de section et chefs de groupe sont un appui précieux pour la préparation des activités et missions et la réalisation des instructions. Leur contribution est majeure pour la préparation des notations, signées par le commandant d'unité pour les militaires du rang et par le chef de corps pour les officiers et sous-officiers.

L'une de mes problématiques les plus vives fut la recherche d'un successeur, quête particulièrement compliquée au $24^{\text{ème}}$ Régiment d'Infanterie. Les prétendants sont peu nombreux avec un vivier quasi inexistant de lieutenants expérimentés et une absence de candidatures externes. Malheureusement, le rythme des activités est tellement intense que nombre de lieutenants abandonneront la réserve avant de devenir capitaine. De fait, les lieutenants en compagnie n'ont qu'une à deux années d'ancienneté dans leur grade, ce qui est relativement peu pour un futur commandant d'unité qui aura l'entière responsabilité d'une compagnie. Le passage par la fonction d'officier adjoint est bien souvent un prérequis pour apprendre le métier, seconder le commandant d'unité, apprendre à connaître les hommes et maîtriser la gestion administrative et logistique d'une compagnie. L'épuisement des lieutenants et le taux de rotation particulièrement élevé aboutissent à une véritable hécatombe chez les lieutenants anciens aptes à occuper les fonctions d'officier adjoint puis de commandant d'unité. Le temps consacré à la compagnie dépasse amplement les journées de convocation. Le travail en temps masqué est significatif pour préparer les activités et gérer la compagnie au quotidien avec les coups de fil en journée entre deux réunions professionnelles pour joindre des interlocuteurs au régiment et ceux en soirée pour communiquer avec personnels de la compagnie. Les priorités personnelles et professionnelles sont compréhensibles et ont bien souvent raison de leur engagement dans la réserve opérationnelle.

En outre, les candidatures externes sont peu nombreuses dans un contexte de pénurie nationale de lieutenants anciens et de capitaines. Nombreux sont les officiers qui préfèrent rester dans leur régiment d'appartenance où les perspectives sont claires et annoncées, plutôt que de faire à nouveau leurs preuves dans une autre unité. Pourtant, le régiment offre un rythme d'activités sans pareil et de nombreuses missions opérationnelles sont planifiées offrant au commandant d'unité une expérience exigeante et valorisante. Les rares officiers qui se présentent sous-estiment fortement les sacrifices à accepter pour commander une unité de réserve. Dans leur esprit, les jours travaillés sont uniquement ceux qui sont sous convocation. Or, ce n'est pas du tout la réalité. Les tâches administratives sont extrêmement chronophages et, à la vue de la programmation et des impératifs de coordination, le commandant d'unité est sollicité 365 jours par an. Il doit pallier toutes les déficiences et être omniprésent sur les activités. Sur deux années, il se consacre pleinement à sa compagnie.

Contrairement à mon prédécesseur qui avait réussi à m'ériger comme son dauphin dès sa prise de commandement, mes ressources étaient réduites. Mes premiers mois furent marqués par l'absence d'officier adjoint. Puis le capitaine André-Michel, responsable de la cellule IST-C du régiment me seconda durant près de neuf mois avant de prendre le commandement de la deuxième compagnie. Je désignais alors l'un de mes plus anciens et brillants lieutenants, Paul, à la fonction d'officier adjoint. Exemplaire, il avait toutes les qualités pour réaliser une carrière remarquable au sein de la réserve opérationnelle. Excellent dans chaque activité qu'il préparait et bienveillant vis à vis des hommes, il avait renoncé à prendre ma suite par manque de disponibilités. Lucide, il voyait que le temps nécessaire pour commander une compagnie était incompatible avec ses choix personnels et professionnels.

Le choix de mon successeur devenait compliqué. Un excellent choix aurait été la lieutenant Julie, qui débordait de dynamisme et de volonté. Rencontrée dès mon arrivée au régiment, elle avait toutes les qualités pour devenir la première commandant d'unité féminine du 24ème RI mais une mutation professionnelle en Suisse dans une filiale française d'un grand groupe bancaire français limitait drastiquement sa disponibilité. Il me restait le lieutenant Cédric qui avait été mon officier instruction lorsque j'occupais la fonction d'officier adjoint. Celui-ci était issu du rang et avait franchi tous les grades. Travailleur acharné, il savait fédérer les personnels et était surinvesti au profit du régiment. En 2021, il avait participé à une mission courte durée (MCD) à Djibouti ; à son retour, il avait succédé au capitaine André-Michel à la tête de la cellule IST-C avant d'être désigné officier adjoint à la quatrième compagnie. Sa volonté était de revenir à la première compagnie y prendre le commandement, je partageais sincèrement cet espoir, la compagnie du Phoenix était sa compagnie de cœur. *In fine*, le lieutenant Cédric, promu capitaine, prit la tête de la 4ème compagnie en janvier 2023.

Le chef de corps Emmanuel ne ressentait pas l'urgence d'établir un plan de succession pour chaque compagnie. Il conserva chacun de ses commandants d'unité durant la totalité de son temps de commandement décalant ainsi la problématique pour son successeur. A quinze jours de la passation de commandement du lieutenant-colonel Emmanuel, une mutation interne fut organisée et l'officier adjoint de la seconde compagnie venait me suppléer. Ce transfert aurait pu apporter une solution, mais il n'en fut rien. Bien qu'ayant l'expérience requise, mon nouvel officier adjoint ne souhaitait pas prendre le commandement de la compagnie ou pas à brève échéance. La concertation avec l'intéressé aurait permis de ne pas hâter une décision qui créait plus d'incertitudes que de solutions.

Les mois passèrent et, au cours de l'été 2023, l'espoir de voir arriver un successeur se fit jour. Muté au 1er août, le capitaine Thibaud intégrerait ma compagnie. Jeune capitaine précédemment officier adjoint au 68ème Régiment d'Artillerie d'Afrique, il avait les qualités pour me succéder mais il ne se rendait certainement pas compte de la charge de travail qui lui incomberait. Je le rencontrerai physiquement à la rentrée afin de préparer et d'assurer dans les meilleures conditions la période de transition.

L'armée est une véritable école du commandement où chaque cadre a les responsabilités qui lui incombent à son niveau hiérarchique. Le cadre n'a pas le droit de commander, il en a le devoir. Le commandement est une prérogative rare de nos jours et inhabituelle dans la société civile où la notion d'autorité tend à s'estomper. Les jeunes cadres militaires apprennent à s'affirmer et acquièrent de la maturité en ayant le souci de leurs hommes. Loin des cours théoriques des écoles de commerce en psychologie ou théorie des organisations, ils vivent et exercent leur autorité pour faire progresser leurs subordonnés. Une expérience qui leur sera utile et qui leur conférera un sentiment de légitimité pour donner des ordres, les faire exécuter, contrôler et rendre compte de leur exécution.

Certes, la relation entre les verbes commander et manager est ténue. Dans le monde de l'entreprise, les qualités managériales sont recherchées et sont comprises comme la capacité à faire adhérer et motiver les collaborateurs. Monde militaire et monde civil s'approprient des notions qui demeurent très proches. Le théoricien de l'organisation Henri Fayol décrivait ainsi les cinq fonctions du manager : prévoir, organiser, commander, coordonner et contrôler. Le management se différencie essentiellement du commandement par sa relation plus horizontale et une immédiateté moindre. Le commandement s'associe à l'autorité, une relation verticale, qui ne souffre pas la contestation et qui place le chef seul face à ses responsabilités. En définitive, la divergence la plus significative est que le soldat obéit pour des intérêts qui le dépassent et est prêt au sacrifice ultime.

L'exercice de l'autorité se forge avec l'expérience mais demeure guidé par des grands principes qui ont été formalisés dans le livre bleu du commandement. Le principal objectif du commandement est la réussite de la mission. L'échec n'est pas une option. Le soldat vit dans le culte de l'accomplissement de la mission qui est la finalité de sa préparation opérationnelle et de son engagement. Le chef devra être guidé par six principes fondamentaux: le principe d'exigence, le principe de compétence, le principe de décision, le principe d'humanité, le principe de justice et le principe de confiance. Ces principes sont déclinés en dix-huit qualités qui reflètent la loyauté, l'esprit d'initiative et l'exemplarité du chef. *In fine*, le décideur militaire possède trois dimensions distinctes mais complémentaires qui font de lui un meneur d'hommes, un responsable et un gestionnaire. Il doit savoir susciter l'adhésion de ses subordonnés pour que ces derniers le suivent et le reconnaissent comme étant leur chef.

Les qualités exigées du chef militaire sont bien souvent comparables et transférables dans le domaine civil. Les attentes sur objectifs, l'exigence d'efficacité et d'efficience, la gestion des équipes reflètent souvent des process analogues. L'apprentissage des méthodes issues de l'armée est prisé par les dirigeants d'entreprise désireux d'adopter de bonnes pratiques. Les dirigeants recherchent en effet à fédérer vers un but commun leurs équipes et à créer un esprit de cohésion avec des collaborateurs en quête de sens et d'engagement. Ce besoin est tellement prégnant dans le monde de l'entreprise que deux de mes chefs de section ont créé une société de conseil répondant à ces attentes avec un produit destiné aux dirigeants d'entreprise s'appuyant sur des concepts et un esprit militaire.

A titre illustratif, l'esprit d'initiative dont doit faire preuve le cadre face à l'imprévu est en repli dans un monde de l'entreprise où l'aversion au risque et les processus standardisés ne le stimulent pas. Son corollaire est le souci de rendre compte, qui est primordial au sein des forces armées, cet acte réflexe fluidifie la communication et évite les quiproquos en instaurant une relation de confiance entre le supérieur et son subordonné. De même, pour gagner en efficacité, chaque cadre doit agir à son niveau de responsabilité et déléguer les tâches qui peuvent être réalisées au niveau subordonné en vertu du principe de subsidiarité. Le chef définit ainsi son effet final recherché avec des limites droite et gauche. Dans ce cadre défini ses subordonnés agissent en autonomie avec les moyens et ressources qui leur sont propres pour accomplir la mission qui leur est assignée. Cette confiance accordée par le chef est gratifiante pour le subordonné qui cherche à se dépasser.

Preuve de cet engouement pour la chose militaire, les immersions favorisant le team-building en entreprise se multiplient dans les régiments ou les écoles militaires. Les valeurs de fraternité, de cohésion et de camaraderie demeurent associées à l'armée dans une société de plus en plus indifférente. De même, se développe un intérêt pour découvrir la méthode d'élaboration d'une décision opérationnelle tactique (MEDOT) dans des séminaires ouverts aux étudiants et entreprises. Les apports mutuels entre monde civil et militaire ne peuvent qu'être bénéfiques avec des méthodes de pensée et des éclairages complémentaires dans une société de plus en plus cloisonnée.

III. PREPARER LES CORPS ET LES ESPRITS AU COMBAT

A. Insuffler l'esprit guerrier et la volonté de vaincre

La préparation opérationnelle est au cœur de la montée en puissance de la réserve. Elle est absolument fondamentale pour faire monter en compétence les personnels et leur faire acquérir les savoir-faire techniques propres au nouveau concept commun de combat terrestre (C3T).

Le rythme des préparations est soutenu mais cohérent avec l'opérationnalité demandée aux réservistes et se justifie par l'intégration des nouvelles recrues et la nécessité de répéter des instructions antérieures. En effet, la difficulté pour les réserves est de disposer de l'intégralité de l'effectif sur un même week-end. L'instruction est donc un éternel recommencement pour que la majeure partie de la compagnie puisse être correctement formée. Le « drill » ou l'acquisition d'une technique par la répétition jusqu'à ce que celle-ci soit totalement acquise est le maître mot dans l'enseignement militaire. Pour garantir l'exécution d'une technique sous l'emprise du stress, celle-ci doit avoir été répétée des dizaines de fois jusqu'à ce que son exécution soit quasi automatique. La préparation opérationnelle est principalement orientée vers l'aguerrissement, le tir et le combat. Le chef de corps avait également appuyé la nécessité de travailler l'esprit guerrier qui devrait être le fil rouge de chacune des instructions et qui se caractérise par l'audace, la résilience, la rusticité et la résistance.

<u>La planification</u>

Le chef est un marchand d'espérance selon l'expression attribuée à Napoléon Bonaparte. Il doit motiver ses troupes, leur donner de la visibilité, leur montrer les objectifs à atteindre et susciter leur adhésion. En un mot, donner envie ! La structuration de l'agenda et le choix des activités sont un levier majeur.

Le chef a la responsabilité de réaliser une planification annuelle de ses activités et d'être le garant de sa bonne exécution. Il lui incombe d'établir ses activités selon les volontés du chef de corps inscrites dans son plan d'action et d'identifier les axes d'efforts de sa compagnie. La planification doit également prendre en compte les contraintes régimentaires, les cérémonies par exemple, les impératifs opérationnels (missions de type SENTINELLE) et actions de formation (inscrites ou non au catalogue des actions de formations de la direction des ressources humaines de l'armée de terre - DRHAT). Elle est établie en étroite coordination avec le Bureau Opération-Instruction qui, en dernier ressort, la valide. Ce travail collectif et itératif est important pour que la planification de la compagnie soit cohérente avec les planifications des autres commandants d'unité et que les moyens nécessaires aux activités puissent être disponibles.

Dès sa validation, la planification est communiquée aux personnels pour qu'ils puissent se projeter sur l'année à venir et prendre les devants pour se rendre disponible. Elle doit permettre d'éviter d'être pris au dépourvu en anticipant les aspects logistiques et en ajustant au mieux la ressource existante en personnels. Cette dernière ressource, qu'est l'humaine, est soumise à l'incertitude et à la psychologie et pourtant c'est le premier facteur de réussite d'une mission ou activité. Dans la réserve opérationnelle, elle est limitée par le nombre de jours d'activité que peut fournir chaque personnel. La disponibilité est très contrainte et hétérogène. Les étudiants seront très disponibles le week-end et l'été, les actifs pourront se libérer en creux d'activité professionnelle, d'autres sont disponibles une journée par semaine. Cette multitude de situations est complexe à gérer et repose sur un équilibre fragile. Le chef doit donc optimiser au mieux cette ressource en jours d'activité notamment sur les jours ouvrés pour lesquels la majorité des réservistes est contrainte de poser un jour de congés. La visibilité offerte sur les activités le plus en amont possible permet aussi de prévenir sa famille ou son employeur avec des délais de prévenance significatifs. En un mot, la planification donne au chef un temps d'avance.

La préparation d'une activité

Le rythme des activités est très soutenu. Chaque mois la compagnie organise un tir et une préparation opérationnelle métier. A ces deux activités, s'ajoutent de multiples activités ponctuelles (cérémonies) ou de nature logistique (visites techniques, mise en réparation de l'armement), des actions de formation internes à la compagnie (instruction à la conduite) ou administratives. Le volume de journées dédié aux activités est très significatif et disproportionné par rapport à ce que l'on peut exiger de personnels à temps partiel. Heureusement, les soldats de la compagnie sont très volontaires et sont conscients des sacrifices à consentir pour porter le treillis.

Toute activité exige une préparation minutieuse pour laquelle les cadres sont contraints de dégager un temps considérable. La préparation commence par la définition des objectifs, du volume de personnels présents et des demandes de moyens logistiques à réaliser.

Ces éléments connus, une note de service est rédigée par le chef de section et relue par le commandant d'unité avant d'être soumise pour validation au chef du Bureau Opérations-Instruction qui appose sa signature par délégation du chef de corps. La note de service décrit précisément l'organisation de l'activité, les rôles et responsabilités de chacun, les moyens matériels nécessaires, l'emploi du temps de l'activité et rappelle les règles de sécurité. Elle est enregistrée, numérotée et diffusée.

La diffusion de la note est le préalable à la réalisation des différentes commandes d'hébergement, de restauration, de véhicules, de matériel, d'armement et de munitions. La note de service justifie l'existence de l'activité et autorise les commandes qui y sont afférentes.

Les difficultés liées à la préparation d'une activité sont amplifiées par le travail à distance et les nécessités de coordination. L'énergie déployée à la préparation de chaque activité dans les meilleures conditions est ainsi décuplée pour assurer la fluidité de l'information et contrôler la réalisation des différentes commandes.

Ma section commandement et mes chefs de section ont développé une réelle capacité de résilience face à une multitude d'imprévus de dernière minute: absence d'une personne habilitée, rupture de stock, refus d'honorer une commande, fermeture imprévue d'un stand de tir, véhicule non fourni.... Plus d'une fois nous nous sommes sortis de situations inextricables à la dernière minute non par défaut de préparation ou d'anticipation mais face à la survenance d'événements extérieurs.

Le chef doit avoir une solution pour tout généralement en moins de vingt-quatre heures: absence d'hébergement, commande de nourriture refusée à la dernière minutes, véhicules non disponibles, munitions non délivrées, grève des transports en commun, absence d'un précurseur ou d'un cadre clé, absence de bus ou du conducteur……Chaque mois le « combat » recommence. Avec l'expérience, nous acquérons une expertise de haut niveau en résilience. Personne n'est en mesure de se douter de tous les obstacles surmontés et impromptus que nous avons dépassés alors que l'activité était correctement anticipée et les commandes passées dans les délais.

Le fantassin doit combattre en tout temps et en tout lieu comme le rappelle à juste titre le code du soldat. Ces exigences imposent à tout personnel de s'habituer et de se préparer à ces contraintes en gagnant en rusticité et en capacité physique. L'aguerrissement dans une unité de réserve opérationnelle procède essentiellement de trois éléments complémentaires.

Le premier est la pratique du parcours naturel. Cette activité a l'avantage d'allier endurance physique et esprit de cohésion. Pratiquée à l'aube avec l'ensemble de la compagnie en utilisant toute ressource naturelle à proximité du bivouac, elle forge tout autant le caractère que l'esprit de groupe. Tout un chacun étant poussé à se dépasser et à s'entraider en réalisant des activités sportives et ludiques pour renforcer sa condition physique.

Le second élément est la marche d'aguerrissement, marche oscillant entre 10 et 40 km selon les délais impartis et les objectifs poursuivis avec port du paquetage. Le propre du fantassin est de combattre et de se déplacer à pied. L'infanterie est en effet l'arme de la polyvalence et des actions en terrain difficile et à l'inter-visibilité réduite. De nos jours, les marches d'aguerrissement se font plus rares car moins déterminantes dans des armées modernes motorisées et des champs de bataille en milieu urbain avec des élongations moindres. Marcher est pourtant le propre du fantassin. Il combat et se déplace à pied, la condition de sa voute plantaire détermine son aptitude au combat. Se poster et se déplacer sont des fondamentaux de tout combattant. L'hygiène des pieds est importante et une vérification peut s'avérer nécessaire pour une troupe peu aguerrie. Mieux vaut prévenir que de mener une évacuation sanitaire dans un milieu difficile d'accès pour des pieds mal entretenus.

La marche d'aguerrissement est souvent très appréciée des personnels arpentant les chemins avec un sac F2 permettant de vivre en autonomie deux à trois jours et comprenant le duvet, des affaires de rechange, ... Symboliquement, le régiment organise régulièrement des marches dites à La Fourragère notamment pour des jeunes recrues. A l'issue de cette marche, leur est remise sur les rangs la fourragère Croix de guerre 14-18. Décoration collective en forme de cordelette tressée, la fourragère est portée par les unités qui se sont distinguées en étant citées à l'ordre de l'armée.

Marcher avec la troupe est vecteur de cohésion et de fierté. Il n'est pas rare que des concitoyens ou des enfants prodiguent des encouragements à notre passage. L'effort physique éprouve les corps et la quiétude des paysages apaise les esprits laissant, au gré des kilomètres, alterner les temps propices à la réflexion sur notre engagement et les échanges avec les camarades. Selon le territoire parcouru, des rappels historiques ou en lien avec le devoir de mémoire peuvent être opportuns et ainsi, faire une parenthèse en mettant en avant nos illustres prédécesseurs. Sur la proposition de l'un de mes lieutenants et avec l'appui d'un de mes personnels enseignant en histoire, nous avons ainsi réalisé une marche en juin 2022 entre le camp de Montlhéry et la ville des Ullis d'une vingtaine de kilomètres avec des étapes successives où étaient lus les principaux faits d'armes du régiment et dont les batailles apparaissent sur le drapeau.

Il n'est pas inutile de rappeler que la décision fut souvent emportée par le mouvement. Les kilomètres parcourus par une armée, une division, un régiment décidèrent bien souvent du sort d'une bataille. A titre d'illustration, le général Masséna fit faire une centaine de kilomètres en quarante-huit heures lors des campagnes d'Italie permettant à Bonaparte d'emporter la victoire.

La marche libère l'esprit et le corps. Rien de plus marquant pour un civil que de voir une colonne de militaires armés et casqués sortir d'un sentier proche de leur domicile. Ces activités sont des vecteurs de présence et d'appropriation du territoire. Les soldats éprouvent une fierté de porter l'uniforme et recherchent le dépassement de soi pour ne pas courber l'échine sous le poids du sac et atteindre le point de destination dans les délais prescrits. Les civils découvrent ou redécouvrent leurs soldats et ne sont pas avares de signes de reconnaissance et d'encouragement. Le militaire n'est pour nombre de nos concitoyens qu'une notion floue associée au service national, à la mission sentinelle ou aux opérations extérieures. Participer à des exercices ou marches en terrain libre accentue notre présence sur le territoire et la proximité avec nos concitoyens. Ces initiatives ne peuvent qu'être encouragées.

Enfin, le dernier élément propre à raffermir les corps et les esprits est la nuit en bivouac tactique. Loin du confort moderne, l'installation d'un bivouac avec quelques cordelettes et une bâche participe à la rusticité. Dormir sur le terrain et dans la durée s'apprend. Mon prédécesseur avait initié les bivouacs systématiques sur le terrain, après quatre années d'une telle pratique, force est de constater qu'une troupe entraînée s'installe très rapidement et a une aptitude à durer quelques soient les conditions climatiques. Les personnels sont préparés.

Lors des activités, le commandant d'unité passe sur les différents ateliers et contrôle la bonne réalisation des instructions prodiguées par les chefs de groupe et chefs de section. Le temps étant contraint, le commandant d'unité se doit d'être visible, de se montrer exemplaire, de recevoir et échanger avec ses personnels. Garant du bon déroulement et de la sécurité de l'activité, il prend une multitude de décisions et arbitre les choix pour l'activité présente ou pour prendre un temps d'avance sur la préparation de l'activité suivante. Parallèlement, la section commandement (SK) assure le support logistique sur le terrain. Pour une compagnie de réserve, il s'agit essentiellement de gérer l'alimentation, l'hébergement, les véhicules et les évacuations sanitaires. En début et fin d'activité, la section commandement est en charge des perceptions, comptages et réintégrations du matériel. Ponctuellement, des évacuations sanitaires sont à réaliser. Les accidents sont généralement bénins, la majorité est liée aux coupures, allergies et acouphènes. Mieux vaut toujours être vigilant et réactif, à l'instar de cette soirée polaire de janvier où l'un de mes personnels n'arrivait plus à se relever avant une marche de nuit. Je l'interrogeais, il était dans l'incapacité de répondre. Amené près du feu, frictionné et portant une couverture de survie, il ne réagissait pas plus. Ne prenant pas de risque, je l'ai fait évacuer avec un véhicule gamme commerciale chauffage au maximum. Près de quarante minutes de trajet plus tard, il avait repris ses esprits. Cette expérience ressurgissait à chaque période de bivouac hivernal, je me demandais souvent ce qui aurait pu se passer si, en l'absence de marche de nuit, ce personnel s'était assoupi dans son duvet par des températures de -8 à -10°C. Bien que nous soyons correctement équipés, notre physiologie est différente et nos organismes n'ont pas tous la même résistance quelque soit l'apparence physique. Hors les périodes intenses de début et de fin d'activité, ma section commandement fut très créative pour initier des recettes propices à un moment cohésion sur le terrain. Leur inventivité n'avait pas de limite et culinairement parlant, les personnels de la section commandement ont fait merveille avec un budget très restreint : barbecue, poulet, couscous, aligot, pâtes, ……ou soupe à l'oignon. Pour cette dernière préparation, plus de 21 kg d'oignons furent épluchés ! Le repas sur le terrain orchestré par l'adjudant-chef Dominique participait fortement à la cohésion de l'unité.

B. Maîtriser les fondamentaux du tir

La maîtrise du tir est l'un des fondamentaux pour tout soldat. Chacun doit savoir utiliser l'arme qu'il a en dotation. Tout au long de mon temps de commandement, je me suis efforcé d'offrir le maximum de créneaux de tir pour que chaque personnel puisse progresser dans le maniement des armes. Des créneaux sont ainsi proposés mensuellement afin de recycler les différents modules de l'instruction sur le tir de combat (IST-C) de chaque personnel et de réaliser le tir opérationnel le mois précédant l'engagement en mission opérationnelle.

La pratique régulière du tir revêt une importance cruciale. La probabilité de l'usage des armes à feu est limitée en opération intérieure mais tout usage n'entrant pas dans le cadre de la légitime défense ou tout dégât collatéral aurait des conséquences catastrophiques. La parfaite connaissance de son arme et des règles de sécurité est fondamentale. Les armes en dotation ont le pouvoir de donner la mort et chaque soldat doit en avoir pleinement conscience. Aujourd'hui, le tir se pratique avec le FAMAS pour chaque personnel et le PAMAC puis glock pour les cadres. La modernisation de l'armement individuel avec HK 416 est prévue à courte échéance.

Preuve de la montée en puissance du régiment, l'instruction sur l'arme collective de dotation la MAG 58 a été initiée fin 2022 avec la qualification d'un moniteur pour la compagnie puis renouvelée en 2023.

La rareté des stands de tir est une préoccupation nationale et l'une des contraintes majeures à l'entraînement des personnels. A leur faible nombre s'ajoutent des priorisations opérationnelles et des nécessites de dépollution sur des temps longs.

Au sein de ma compagnie, j'avais la chance de disposer de deux sous-officiers de grande valeur passionnés par le tir. Le chef Pierre et le sergent Charles préparaient quasi-systématiquement l'organisation et la gestion des tirs. Mon officier adjoint logistique, le lieutenant Romain puis le lieutenant Pierre me préparait les bons d'armes, nécessaires pour autoriser la sortie de l'armement, avec une grande rigueur et se faisait une joie d'occuper la fonction de directeur de tir sur un nombre de créneaux conséquents.

C. S'approprier le combat urbain

Au combat, le terrain commande. La géographie dicte les choix tactiques du chef. Celui qui utilisera au mieux le terrain et qui saura le valoriser dispose d'un avantage certain qui pourra être accru selon les systèmes d'armes possédés par l'unité.

Or, le visage de la guerre a changé. Une démographie galopante et une urbanisation croissante ont déplacé le centre des combats progressivement de la campagne à la ville. La décision est emportée par la prise des grands centres urbains qui concentrent la population, les richesses et les sièges de pouvoir.

L'apprentissage des fondamentaux est réalisé dans « la verte », à l'orée des bois…permettant au combattant d'évoluer et de s'entraîner à « driller » les actes élémentaires dans un univers moins complexe. L'apprentissage en est facilité.

La seconde année de mon commandement fut marquée par l'appropriation et la consolidation du combat en milieu urbain. Les fondamentaux du combat terrestre ayant été instruits et acquis notamment sur les terrains de manœuvre de Montlhéry et de Poigny-la-Forêt, j'ai fait le choix d'axer résolument la seconde partie de mon commandement sur le milieu urbain. Un milieu qui reflète la réalité des théâtres d'opérations les plus récents et qui serait certainement le milieu dans lequel nous évoluerions dans l'hypothèse d'un engagement majeur. Dès lors, trois sites en région francilienne ont retenu mon attention pour faire progresser mes personnels.

Ce cycle d'instruction au combat AZUR (action en zones urbaines) fut initié sur le site de l'hippodrome de Bondoufle. Cet ancien site de course hippique pouvant accueillir 12 000 spectateurs a été fermé en 1996. Il est depuis abandonné et est utilisé par les forces de l'ordre pour l'instruction. Un site de près de 80 hectares qui s'avère exceptionnel pour l'entraînement au combat urbain avec des espaces boisés permettant la transition, les tribunes de l'hippodrome et les halls, les écuries, et des bureaux désaffectés. En 48 heures, les progrès furent significatifs voire impressionnants. Le chef Alexandre, personnel d'active détaché au profit de la compagnie, réalisa des prouesses avec des personnels découvrant le combat AZUR mais avides d'apprendre. Ils n'ont cessé de driller le passage de porte, des ouvertures, l'entrée dans le bâtiment, les appuis et l'investigation des pièces.

Le second site d'instruction fut le fort de Cormeilles-en-Parisis, géré et entretenu par une association « Les amis du Fort de Cormeilles ». Gracieusement mis à disposition, le fort fut construit entre 1874 et 1877 sous l'impulsion du Général Séré de Rivières afin d'ériger une ceinture de fortifications pour mettre hors de portée la capitale de l'artillerie ennemie. Ce système défensif imposant fait suite au traumatisme de la guerre franco-prussienne. Accueillie à bras ouverts, les conditions de vie étaient optimales pour la troupe avec un lieu de vie convivial et une poudrière pour l'installation de nos duvets permettant de dormir à l'abri des intempéries. Les instructions menées par le chef Alexandre sur les fondamentaux du combat Azur (approche des bâtiments, passage des ouvertures) ont permis de consolider les acquis du précédent week-end. Le site offre un relief privilégie pour progresser sur un terrain avec des surélévations et tunnels.

En parallèle, le sergent Vincent, policier dans le civil et ayant eu une riche carrière dans l'active avant son engagement dans la réserve opérationnelle réalisait une instruction sur l'engagement au contact de la foule profitant de ses connaissances personnelles pour dévoiler quelques techniques utilisées. En effet, le contrôle de foule n'était pas initialement programmé puisqu'il est utilisé par les forces terrestres uniquement en opération extérieure avec un matériel spécifique et après une instruction dédiée. La possibilité fut offerte aux personnels de visiter le musée aménagé par l'association. Les personnels étaient ravis de ce second week-end axé sur le combat AZUR sur un lieu qui leur était inconnu.

Le dernier site propice à l'instruction au combat urbain en périphérie de Paris est le Fort de Montmorency construit de 1874 à 1879 dans le cadre du projet de ceinture fortifiée de Paris du Général Séré de Rivières. Le site présente de nombreuses analogies avec le Fort de Cormeilles dans sa conception mais son aménagement diffère fortement. Utilisé comme centre d'initiation aux techniques commandos, il est équipé avec des parcours en hauteur.

Régulièrement mis à disposition des forces de l'ordre pour leur instruction, le site dispose de plusieurs parcours de tir aménagés avec des reconstitutions de l'intérieur d'un avion, d'une supérette ou du Bataclan.

En complément, des efforts ont été réalisés sur l'utilisation des moyens de simulation avec l'appui de l'Adjudant Cédric. Le simulateur de tir aux armes légères (SITAL) permet à un groupe de s'entraîner au tir en coordonnant leur action. Les cadres d'ordre du chef de groupe sont ainsi évalués de même que la posture, la pression sur la détente, la précision des tirs, autant de variables qui peuvent être analysées par des capteurs. Un autre outil intitulé VBS3 permet de coordonner les actions au sein d'un groupe sur des ordinateurs interconnectés. Ces outils de simulation se rapprochent des jeux vidéo avec des sensations qui ne sont pas celles d'un tir à balles réelles mais ils permettent de corriger les positions des tireurs et de travailler les cadres d'ordres à un coût moindre (absence de consommation de munitions) et avec une complexité logistique allégée. Au niveau chef de section et commandant d'unité, le logiciel ROMULUS permet de travailler les ordres initiaux et leurs déclinaisons.

IV. L'ACCOMPLISSEMENT DE LA MISSION EST LA FINALITE DE L'ENGAGEMENT

A. Une réserve résolument orientée vers l'engagement opérationnel

L'apport des réserves opérationnelles est devenu indispensable sur le territoire national. Les réservistes représentent approximativement 10% des forces engagées sur la mission SENTINELLE quotidiennement avec des axes d'effort sur les vacances scolaires et la période estivale. Les unités d'active sont pleinement conscientes de l'effort consenti qui permet à leurs soldats d'être mobilisés sur d'autres théâtres d'opération ou de profiter de leurs droits à permission. Ainsi, sur mes deux années à la tête de la 1ère compagnie du 24ème Régiment d'Infanterie, j'ai eu l'honneur de commander à trois reprises un sous-groupement en mission SENTINELLE.

La réalisation d'une mission opérationnelle se décompose chronologiquement en trois phases. La première est la phase de préparation qui est déterminante pour le bon déroulement de la mission. Elle implique en premier lieu de disposer des informations primaires sur la mission à savoir la nature, le lieu, les dates, le volume en effectifs demandés et les moyens logistiques requis. Ces éléments sont à recueillir le plus en amont possible car les personnels réservistes doivent être prévenus pour avertir leur employeur et prendre leurs dispositions professionnelles et familiales.

Ces éléments collectés, la mission doit être armée par l'unité leader. Une énergie très importante est consommée pour désigner les personnels partant en mission. En effet, la législation impose à l'employeur de libérer ses collaborateurs annuellement pour une période de cinq à dix jours selon la taille de l'entreprise dès lors que le préavis est supérieur au mois. Dans les faits, les missions opérationnelles sont *a minima* de 15 jours et le personnel réserviste ne peut se mettre à dos son employeur pour ne pas nuire à son évolution professionnelle. La disponibilité des réservistes est donc largement conditionnée par les contraintes professionnelles et familiales. En effet, les dispositions réglementaires ne sont ni contraignantes ni incitatives pour les employeurs. En outre, celui-ci a la faculté de refuser de libérer son employé en se justifiant auprès de l'autorité militaire. Dans les faits, les réservistes utilisent peu les jours accordés par la loi et réalisent leurs missions sur leurs congés, week-end et RTT. En effet, le réserviste doit ménager son employeur pour évoluer dans sa carrière professionnelle. Pour ce dernier, les activités de réserve doivent être neutres sur le travail fourni ou générer de la valeur ajoutée en termes de compétences techniques et managériales ou de savoir être. Dès lors que les activités de réserve peuvent nuire aux performances du collaborateur, l'impératif de subvenir aux besoins de sa famille prime sur la disponibilité pour la réserve.

Armer une mission est donc une gageure et obéit à la loi de Pareto. Près de 80% des postes sont honorés rapidement, pour les 20% restants la tâche est extrêmement chronophage et exige de contacter individuellement chaque personnel. La psychologie humaine recèle de nombreux mystères ou irrationalités :le manque d'anticipation et de planification, la sous-estimation de la contrainte en temps ou d'impératifs externes, la croyance en sa capacité à gérer deux emplois inconciliables auxquels s'ajoutent les imprévus médicaux, professionnels ou familiaux à l'origine de désistements de dernière minute. Les efforts consentis sont significatifs et dès lors que le tableau des effectifs est complété, le chef a déjà consacré près de 50% de son temps dédié à la préparation.

La seconde phase comprend le volet administratif et logistique. L'organisation d'une mission doit être formalisée dans les moindres détails pour éviter les déconvenues. La note de service répond ainsi à l'ensemble des questions fondamentales sur les commandes, perceptions, responsabilités et emploi du temps. La réalisation des commandes procède ensuite de la note de service tout comme la convocation des personnels dans l'outil informatique dédié. Dès lors qu'une mission s'étend sur une durée supérieure à quinze jours, il est important d'anticiper les aspects chancellerie du fait des éventuelles notations intermédiaires.

Le dernier point concerne la validation des prérequis propres à chaque mission opérationnelle. Avant le départ en mission, le commandant d'unité doit s'assurer que ses personnels sont aptes à remplir la mission. Outre la vérification de l'aptitude médicale et du contrat d'engagement à servir dans la réserve (ESR), des prérequis opérationnels sont définis. Ils comprennent la validation de modules de secourisme, menaces nucléaires radiologiques biologiques et chimiques (NRBC), tir, techniques d'intervention opérationnelle rapprochée (TIOR), juridique (LEGAD), sensibilisation aux engins explosifs improvisés, et fiches de procédures opérationnelles propres à chaque mission. La réalisation de l'ensemble de ces prérequis est obligatoire avant le départ en mission avec des durées de validité de un à douze mois. Un réel travail de planification et d'anticipation est requis pour le commandant d'unité afin que chaque personnel prévu sur la mission puisse suivre l'ensemble des modules dans les délais impartis. Devant l'impossibilité de réunir 100% des effectifs sur un seul créneau, cela exige de prévoir des sessions de rattrapage pour pallier les éventuelles indisponibilités. A l'issue, le chef de corps signe une lettre de certification qui engage sa responsabilité sur la réalisation effective des prérequis attachés à la mission par l'ensemble des personnels y participant.

La coordination est quotidienne avec les cadres pour gérer au mieux les exceptions et les difficultés qui émergent. De nouvelles problématiques sont soulevées chaque jour, entre pénuries ou incompréhensions sur les commandes réalisées, les désistements souvent légitimes de dernière minute ou les demandes de précisions ou compléments d'information de l'état-major. La préparation d'une mission est la conjugaison de la rigueur et de l'anticipation.

Mandat SENTINELLE T48

La mission opérationnelle est la finalité de notre engagement. Nos instructions successives nous y préparent et l'investissement en capital humain sur les personnels est guidé par la réussite des missions confiées.

Ma première mission opérationnelle fut SENTINELLE sur le mandat T48 de décembre 2021 à février 2022 en région Centre Val-de-Loire. Cette mission initiait le cycle opérationnel de ma compagnie depuis ma prise de commandement le 6 juin 2021. Les préparations opérationnelles de l'automne avaient été dédiées à la réalisation des prérequis pour le départ en mission avec un mois de novembre particulièrement intensif. La réussite de cette mission était particulièrement importante à mes yeux et conditionnait la suite de mon temps de commandement. Une première mission remplie avec succès me donnerait la légitimité et instillerait la confiance auprès de l'ensemble de mes subordonnés.

Les déceptions après une première mission opérationnelle sont courantes, l'écart avec des attentes idéalisées, la vie en communauté ou le respect d'une discipline stricte sont de nature à remettre en cause les engagements personnels. *De facto*, la rotation des effectifs est généralement importante à la suite d'une mission opérationnelle qui peut, par ailleurs, être épuisante et placer le soldat dans une situation familiale ou professionnelle difficile du fait de son absence prolongée. Sur cette première mission, mon objectif était d'insuffler une dynamique, de créer l'émulation et d'accomplir la mission avec professionnalisme. Je voulais susciter l'envie à mes personnels de me suivre sur l'ensemble de mon temps de commandement.

Au début de chacune des quatre rotations internes à mon mandat, je rappelais aux nouveaux arrivants l'importance et la genèse de leur engagement par un discours face à la troupe. La mission opérationnelle est la finalité de leur désir de servir. Ce moment de solennité était nécessaire pour à la fois leur faire ressentir le poids des responsabilités qui leur incombent en portant les armes sur le territoire national, mais aussi pour leur rappeler la nécessaire vigilance à l'égard du matériel, de leurs camarades et de la population. Ils portent des armes de guerre sur le territoire national et sont observés constamment. Ils se doivent d'être exemplaires et ont été formés pour cela. Aux yeux des Français, ils représentent leur régiment, l'armée de Terre, la république et se doivent d'en être les dignes ambassadeurs. Ce discours relativement court mais ponctué de silences avait pour objectif de leur faire prendre conscience de leur rôle et de l'opérationnalité de la mission. A l'issue, le torse bombé et la tête haute, ils repartaient dans leur casernement emplis de l'esprit de la mission et déterminés à agir avec rigueur et professionnalisme tout en prenant plaisir à découvrir un nouveau territoire.

Lundi 29 novembre 2021, je prenais la route vers le 12ème Régiment de Cuirassiers situé à Olivet au sud d'Orléans avec l'encadrement de la mission pour initier la prise de consignes et la transmission du matériel. Le gros de la troupe restait vingt-quatre heures supplémentaires au Fort Neuf de Vincennes avec quelques dernières instructions, séances de sport et rappels avant le départ. Une visite guidée du Château de Vincennes était également prévue pour élargir leur culture militaire et ne pas amoindrir leur motivation.

Arrivé à Olivet, je fus accueilli à bras ouverts par le capitaine Henry commandant le 1er escadron du 2eme Régiment étranger de cavalerie (REC).

Nous nous étions rencontrés quinze jours auparavant lors de ma reconnaissance du site. Les deux premiers jours sont dédiés à la passation de consignes et à la connaissance de la zone. Mon prédécesseur m'avait préparé un programme pour visiter les différents sites et aller à la rencontre des délégués militaires départementaux (DMD) de la zone. En quarante-huit heures, nous avions ainsi passé en revue les différentes directives zonales, les process et les principaux points d'attention. Parallèlement, mes cadres recevaient des légionnaires les informations relatives aux vigies, aux patrouilles et toutes consignes ou éléments utiles à la vie de l'unité. Idem pour l'adjudant d'unité qui recueillait les points de contact et les éléments relatifs à la logistique. La troupe arrivait le lendemain et le transfert d'armement fut réalisé à l'issue des patrouilles matérialisant ainsi le transfert d'autorité formellement acté le mercredi.

Les patrouilles commençaient dès l'aube avec un grand professionnalisme. Les instructions avaient été clairement transmises avec la plus grande bienveillance par les légionnaires. Le rythme s'imposait naturellement avec une rotation fluide entre groupes et une couverture de la zone conforme aux réquisitions préfectorales. Parallèlement, une autre unité du pilier COMLOG du 121ème Régiment du train me renforçait. Avant la mission, je n'avais pu que brièvement échanger avec le chef de section, le chef Aurélien, sans le rencontrer physiquement. Dès les premiers jours, il m'a fait une très belle impression qui ne devait cesser de se confirmer jusqu'à la fin de la mission.

Au cours de mon mandat d'une durée de deux mois, les points d'attention étaient clairement identifiés à la fois sur le plan opérationnel et sur le plan logistique. L'axe d'effort se situait sur les préparatifs des fêtes de Noël et les cérémonies. Sur le plan logistique, les réquisitions préfectorales et la mobilité imposée par SENTINELLE exigent des déplacements fréquents sur une aire de responsabilité relativement grande. Contraintes supplémentaires et non des moindres, les trois relèves intermédiaires positionnées tous les quinze jours. Peu de réservistes peuvent être déployés sur un ou deux mois au vu de leurs contraintes familiales et professionnelles. Le mandat est donc découpé en relèves successives d'un volume particulièrement important en fin d'année. Cette fragilité dans le dispositif était l'un de mes points d'attention d'autant plus que la relève a pu être concomitante avec un changement de position rendant encore plus complexes les aspects logistiques (hébergement, restauration) et transmissions d'informations sur la zone.

Vicissitudes de la vie, je découvrais début novembre que la mission se réaliserait en région Centre-Val de Loire et non en Bretagne comme tout me le laissait croire jusqu'ici. La région m'était familière puisque j'avais vécu deux années à Orléans pour des raisons professionnelles. J'avais également participé à la 222ème session régionale de l'IHEDN en région Centre-Val de Loire, ce qui me conférait un avantage certain sur la connaissance du terrain et la carte militaire du territoire.

Le second jour de mon mandat, levé à quatre heures du matin je me déplaçais sur Rennes où est localisé l'état-major zonal pour recevoir le *mission brief* dans la matinée et présenter mon *backbrief* dans l'après-midi. Le déplacement pour le mission brief était aussi l'opportunité pour moi de rencontrer les commandants d'unité des autres sous-groupements sur la zone de défense. Ce fut une surprise pour mes deux camarades d'active, sensiblement du même âge que moi et saint cyriens, de découvrir que j'étais un réserviste *ab initio* et que mes subordonnés étaient quasi exclusivement des réservistes. Le professionnalisme dont nous faisions preuve tout au long de la mission ne pouvait leur laisser qu'une image favorable de la réserve.

Le *mission brief* est une étape essentielle dans le déroulement d'une mission. L'échelon supérieur, dans le cas présent, l'état-major de la Zone de Défense Ouest, présente la mission. Les aspects opérationnels, le renseignement acquis ou à acquérir, les coordinations, les points logistiques sont abordés. A l'issue de ce *mission brief,* le commandant d'unité réalise un *backbrief*. Ce dernier a pour finalité de vérifier que le commandant d'unité a correctement compris sa mission et d'exprimer des demandes d'éclaircissements ou des demandes complémentaires voire des arbitrages.

Ma zone de responsabilité couvrait sept départements, à savoir l'ensemble de la région Centre-Val de Loire à laquelle s'ajoutait le département de la Sarthe soit une superficie de 45 353 km^2 et une population de 3 134 000 habitants pour une densité moyenne de 69 habitants au km^2. Ma zone coupée d'est en ouest par la Loire était rurale avec quelques villes de plus de 100 000 habitants, à savoir Le Mans, Tours et Orléans. L'économie est fortement portée sur l'agriculture et l'agroalimentaire mais également sur le tourisme avec les châteaux de la Loire ou le Zoo de Beauval. De plus, la région possédait quelques pôles de compétitivité notamment dans la cosmétique et la pharmacie.

L'un des aspects les plus bénéfiques dans la réalisation d'une mission SENTINELLE est la découverte d'une nouvelle région sous un autre angle. Un à deux mois permettent amplement d'apprécier la richesse d'un terroir, d'une culture et les spécificités locales. La connaissance du terrain est d'une importance capitale en tactique. Le commandant d'unité et les chefs de section doivent recueillir les informations sur leur zone d'opération et les groupes patrouillent au plus près de la population, s'appropriant jour après jour chaque ruelle, chaque trottoir, chaque passage des différents quartiers arpentés.

Notre casernement au Quartier Valmy du 12ème Cuirassiers à Olivet était de bonne facture. Nous occupions une aile d'un ancien hôpital américain dont la particularité est que chaque bâtiment est relié par un couloir central. L'immeuble était suffisamment spacieux pour nous accueillir et avait été correctement entretenu. Si les peintures commençaient à défraîchir, les sanitaires avaient été rénovés. Nous occupions le rez-de-chaussée et l'étage, ce qui était suffisant pour nous héberger et stocker notre matériel et armement. Le soutien logistique sur le site était par ailleurs excellent, répondant avec diligences à nos demandes d'intervention. De plus, nous disposions d'un gymnase et de l'ordinaire à proximité immédiate du bâtiment qui nous était affecté. Des cours d'équitation ont également été proposés aux personnels.

Nous considérant comme ses hôtes et nous faisant bénéficier d'un accueil chaleureux, le commandant en second a favorablement accepté mes demandes répétées, à chaque relève intermédiaire, de prêter un équipage pour présenter un char Leclerc à mes personnels. Ces visites des matériels en fin de relève intermédiaire furent particulièrement appréciées par ces derniers.

L'une des particularités de la mission consistait en des déplacements successifs des sections positionnées dans mon aire de responsabilité. Au gré des réquisitions préfectorales, les sections faisaient mouvement en toute autonomie avec hommes et matériels pour respecter les demandes du préfet. Des patrouilles ont ainsi pu être réalisées de manière aléatoire dans toutes les grandes villes de la région d'Orléans. Le mois de décembre était particulièrement dense avec la multiplication des marchés de Noël. L'affluence en centre-ville et dans les centres commerciaux était suivie quotidiennement. Le risque est en effet plus élevé dès lors que la population est concentrée. Nous ciblons nos efforts pour maximiser notre impact tout en gardant un caractère aléatoire.

Une mission opérationnelle ne se déroule pas sans visites d'autorités. La première fut celle du commandant d'unité du 121ème Régiment du train qui renforçait mon unité sur l'ensemble du mandat. Proche de ses hommes et soucieux de leur bonne installation, mon homologue avait fait le déplacement durant ses congés pour visiter la section déployée. Naturellement, je le rejoignais pour échanger sur le déroulement de la mission et la tenue de sa section. La section était à l'image de son commandant d'unité, professionnelle et dotée d'un bon esprit de cohésion. Mon camarade et moi-même étions très satisfaits du bon déroulement de la mission. Cette visite fut suivie de peu par celle de mon chef. Traditionnellement, le chef de corps rend visite à ses personnels déployés en mission. Celui-ci ayant des impératifs familiaux, il avait choisi le 22 décembre pour réaliser sa visite d'autorité. Cette intervention débutait par un point de situation de la mission et lui permettait de voir nos conditions de vie ainsi que d'évaluer le moral de la troupe. Une patrouille en centre-ville d'Orléans achevait la journée et permettait de voir les hommes en patrouille et de ressentir le terrain. Par anticipation, l'emploi du temps de cette visite était similaire à celui que je réaliserai pour la visite du chef d'état-major de l'armée de terre (CEMAT) le 1er janvier. Cette visite ayant été fermement confirmée quelques jours plus tôt.

Participer à une mission opérationnelle lors des fêtes de fin d'année est une expérience particulière à plus d'un titre. Pour le soldat, c'est une période que l'on passe habituellement en famille pour célébrer Noël avec ses proches mais c'est également le moment où le sacrifice et l'engagement citoyen prennent tout leur sens. Preuve de reconnaissance, le Président de la République adresse à toutes les forces en opération une intervention télévisée pré-enregistrée pour leur témoigner sa confiance et la gratitude de la nation envers ses soldats. Les forces SENTINELLE sont explicitement remerciées par le chef de l'Etat. L'allocution vue par l'ensemble des personnels en mission est unanimement appréciée quel que soient les convictions politiques de chacun.

La naissance du Christ, l'une des principales fêtes chrétiennes, attire de nombreux fidèles dans les lieux de culte la veille et le jour de Noël. La chrétienté est intimement liée à l'Occident et, en ces jours festifs, les lieux de culte particulièrement fréquentés sont une cible symbolique dont le retentissement serait particulièrement médiatisé et donc un objectif de choix pour un acte terroriste. Pour la force SENTINELLE, la veillée et la messe de Noël exigent une vigilance toute particulière. Le dispositif est renforcé, l'attention est accrue et chaque soldat est fier de servir son pays en cette journée symbolique. La population est particulièrement reconnaissante envers ses soldats à l'occasion des célébrations religieuses. Présents sur le parvis des églises et des cathédrales, les forces SENTINELLE sont selon l'expression du Président de la République les « veilleurs de Noël » qui assurent la quiétude et la tranquillité pour tous les français qui célèbrent la Nativité. Aux abords des lieux de cultes et sur les parvis des cathédrales, c'est le visage de la jeunesse française qui veille à la sécurité des Français. Des visages angéliques et souriants qui contrastent avec le dispositif massif et dissuasif engagé.

Volontairement, le dispositif de surveillance pour la messe de minuit était étoffé. Non qu'une menace particulière ait été signalée, au contraire les rues étaient plutôt désertes dans une ville emprunte de catholicisme et dont la figure mythique est Jeanne d'Arc. Mes personnels sacrifiaient des moments de convivialité en famille pour servir leur pays, ils devaient être engagés pour ce moment symbolique en Occident. Cette veillée de Noël serait énergisante pour eux, les regards et remerciements des passants sont autant de signes de reconnaissance propres à stimuler leur fierté de porter l'uniforme. Mon poste de commandement avait été délocalisé pour les célébrations de minuit afin de vivre au plus près l'événement et de faciliter l'alternance entre phases de patrouilles et phases de relèves. *In fine*, le flux des pèlerins vers les lieux de culte était relativement limité, la pluie fine, le contexte sanitaire n'y sont pas anodins. La messe de minuit fut calme et la surveillance s'acheva sur les coups de deux heures du matin. La nuit serait courte.

En effet, la journée du 25 décembre fut particulièrement dense. Contacté en urgence sur les coups de cinq heures du matin par l'un de mes chefs de sections pour une perte de matériel à la suite de la sécurisation de la cathédrale du Mans, j'étais sur pied bien avant les premières lueurs du jour pour suivre la situation et rendre compte. Heureusement, l'événement fut rapidement clos et nous pouvions nous pencher sereinement sur la seconde phase des célébrations, à savoir la messe de la matinée pour laquelle les familles seraient probablement plus nombreuses. De nouveau, les passants remerciaient du fond du cœur les militaires de l'opération SENTINELLE, leur enjoignant parfois une poignée de mains ou leur offrant quelques chocolats en cette fête chrétienne. La sortie de la messe portée par les cloches de la cathédrale marquait la fin d'une période plus à risque avec des lieux de culte particulièrement exposés. La menace du terrorisme islamiste n'était pas à sous-estimer. La rigueur, le professionnalisme et l'exemplarité étaient de mise.

Célébrer les fêtes de Noël en mission avec l'ensemble de l'unité est un souvenir inoubliable. Le moment festif fut différé de vingt-quatre heures pour motif opérationnel mais l'intensité et l'esprit étaient au rendez-vous. La soirée commença par la traditionnelle distribution des cadeaux. Je ne pouvais imaginer que le sergent Ophélie m'avait préparé une tenue de père noël et le chef Alexandre un traineau digne du XXIème siècle. Le père noël, moi en l'occurrence, conduisait son « overkart » suivi de sa remorque de cadeaux. Une haie d'honneur l'accueillit avant une distribution dans la joie et la bonne humeur. Les cadeaux du chef d'état-major des armées (CEMA) et du CEMAT, respectivement une gourde isotherme et un hamac aux couleurs de l'Armée de terre, furent grandement appréciés. Ces cadeaux étaient accompagnés d'une poignée de dessins d'enfants du primaire. Des esquisses naïves mais bienvenues pour tous les soldats qui passaient ces fêtes loin de leurs proches. Dans les jours qui suivirent, j'adressai un courrier à chaque enfant m'ayant joint son dessin. A l'issue, nous prîmes le repas de fête que le chef Alexandre avait patiemment préparé pour que chacun puisse célébrer ce moment de convivialité et l'apprécier même loin de ses proches. Un instant de dépaysement fort agréable, une parenthèse au cours de la mission.

A peine Noël fut achevé que ma seconde relève intermédiaire du mandat s'organisait. A cette occasion, près des deux tiers de l'effectif était renouvelé. Cette relève était particulièrement à risque dans le contexte sanitaire qui prévalait. Au lendemain des fêtes de famille et d'un assouplissement sur le respect des gestes barrières, le COVID était en pleine résurgence. Epargné jusqu'à présent par l'épidémie, l'arrivée de personnels contaminés sur la mission ou leur non départ en mission, si cas positifs, pouvait remettre en cause le déploiement de mon unité. Par chance, tous les personnels montants avaient été testés négativement avant leur venue sur site.

Dès l'arrivée de la relève intermédiaire, l'une de mes sections se déplaçait à Gien, petite ville du Loiret pour une journée. A la passation de consignes habituelle, s'ajoute la reconnaissance nécessaire pour ces courts déplacements. Le jeune chef de section se doit d'être agile et réactif pour se plonger dans sa nouvelle mission rapidement en s'enquérant auprès de son prédécesseur des consignes, attendus et points particuliers.

Le dernier jour de l'année était arrivé et le soutien apporté par les dernières visites officielles de 2021 était apprécié. La visite des autorités étatiques est favorablement accueillie à l'instar de l'accueil de la préfète du Loiret qui a rendu visite à une patrouille SENTINELLE dans les locaux du Délégué Militaire Départemental (DMD) dans sa tournée aux personnels d'astreinte en cette nuit de la saint Sylvestre. Le geste et le temps passé pour les personnels militaires furent appréciés à leur juste valeur, la préfète était pour sa part agréablement étonnée de découvrir une unité composée quasi exclusivement de réservistes. L'empathie est immédiate dès que l'on s'imagine que chacun des militaires de l'opération SENTINELLE peut être un frère, une cousine, un neveu, un collègue, une personne que l'on côtoie quotidiennement et qui fait le sacrifice de ses congés pour servir son pays. Cette parenthèse dans l'agenda était bienvenue à l'aube de la nouvelle année.

Le passage à la nouvelle année avait été célébré avec quelques mets de circonstance que nous avait concoctés le chef Alexandre. L'extinction des feux avait été fixée à une heure du matin, le temps d'adresser ses vœux à ses proches, sans obérer notre opérationnalité et les exigences liées à l'accueil d'une autorité de première importance dès le lendemain.

Le premier jour de l'année commençait en effet sous de bons auspices avec la visite du Chef d'Etat-Major de l'Armée de Terre (CEMAT) prévue pour cette date symbolique. Notre unité avait été choisie et l'arrivée du général d'armée Pierre Schill était prévue vers onze heures. Il rejoignait le territoire national après avoir visité les forces françaises de la FINUL (Force intérimaire des Nations Unies au Liban). La matinée fut studieuse. Parallèlement aux patrouilles qui se poursuivaient, les locaux étaient nettoyés de fond en comble pour l'accueil des autorités. La visite avait été soigneusement préparée avec un emploi du temps très précis de l'accueil, à la visite des locaux, au placement à table ou l'itinéraire de la patrouille prévue dans le centre-ville d'Orléans. Le déroulé de la visite fut pleinement conforme au planifié et a amplement satisfait le CEMAT.

Après un point de situation décrivant ma zone d'action, ma mission et mon appréciation de situation, le sous-lieutenant Romain, chef de section sur cette relève intermédiaire me compléta en faisant un focus sur le département du Loiret. A l'issue, nous avions enchaîné sur une visite des locaux comprenant le centre opérationnel et les lieux de vie. Après une adresse aux personnels présents, le déjeuner fut l'opportunité pour le CEMAT d'échanger avec un grand nombre de personnels et de s'intéresser à leurs parcours et leurs motivations. La diversité des profils rencontrés et leur enthousiasme à servir leur pays avait ravi le CEMAT. Pressé par le temps, la patrouille en centre-ville d'Orléans avec le CEMAT a été écourtée mais les échanges furent intenses avec les personnels aux parcours plus exotiques les uns que les autres. Le groupe était composé de profils tellement atypiques entre la jeune étudiante en expertise-comptable, l'étudiant de sciences po, le philosophe, l'entrepreneur en bâtiment en passant par le doctorant à peine âgé de vingt ans ayant remporté une médaille d'argent avec l'équipe de France de mathématiques ou encore l'ancien d'active…qui était issu de la compagnie qu'avait commandée le CEMAT « les boucs » au 2ème RIMA du Mans. Difficile à croire de l'extérieur mais l'hétérogénéité de ce groupe est le fruit du hasard…et chaque groupe patrouillant sous mon commandement avait des profils d'une diversité analogue. Jamais un citoyen français ne pourrait penser que la première classe qui patrouille sur SENTINELLE est un doctorant champion en mathématique, un professeur d'histoire ou un ingénieur dans l'industrie de l'armement ou du luxe. Nul doute que cette journée fut extrêmement enrichissante pour le CEMAT sur la connaissance des hommes qui composent la réserve, ses problématiques, ses attentes.

A ma grande surprise, je fus honoré de recevoir un cadeau commémoratif de sa visite à mon nom. Une attention qui fut suivie d'un message de son cabinet le lendemain « *Mon Capitaine, le CEMAT, particulièrement satisfait de sa visite auprès de votre détachement le 1er janvier, m'a demandé de vous en féliciter. Le général SCHILL a en particulier été très sensible à la clarté de vos explications, à la forte motivation du détachement, à sa cohésion et à sa bonne préparation en amont de la mission* ». Je relayais et remerciais chaleureusement l'ensemble de mes personnels pour leur attitude et leur exemplarité tout au long de cette journée et je leur transmettais les plus vives salutations du CEMAT qui avait su se rendre disponible et à l'écoute des personnels en ayant soin d'échanger avec tous les personnels croisés.

Les premiers jours de l'année marquaient le mi-mandat et l'application de la nouvelle réquisition préfectorale pour l'emploi de la force SENTINELLE. La période des soldes d'hiver était le moment clé de ce mois de janvier avec une affluence attendue plus importante dans les centres commerciaux et centre-ville. Dans les faits, le contexte sanitaire a fortement limité la consommation en magasin physique. Ces derniers étaient moins fréquentés qu'à l'accoutumée. *A contrario*, un regain d'intérêt était noté pour l'affluence au zoo de Beauval, au Château de Chambord ; les familles profitant des excursions au grand air pour s'oxygéner.

En parallèle, nous profitions d'une période relativement calme pour adresser nos vœux. La confection de la traditionnelle carte de vœux est un passage obligé et un acte de reconnaissance. Le sergent Ophélie, très polyvalente, excelle dans la photographie et avait fait un travail remarquable de préparation et de structuration de la carte. Celle-ci a été unanimement appréciée et figure en bonne place dans les bureaux de nos destinataires. La carte de vœux était adressée en priorité aux soldats de la 1ère compagnie, marque de considération pour le travail réalisé et moyen de fédérer les énergies pour les défis de l'année à venir.

Grace à la section du 121ème RT qui nous renforçait et à l'efficacité de leur sous-officier adjoint, le chef Cédric et une quinzaine de personnels engagés sur la mission eurent l'opportunité d'être formés sur le véhicule tout terrain VT4. Cette formation est essentielle pour pouvoir appréhender et conduire les nouveaux véhicules de l'armée de terre remplaçant la P4.

La réalisation d'un mandat SENTINELLE est propice à l'émergence de faits divers parfois improbables. Le nombre de personnels impliqués, la vie en communauté, les déplacements constants concourent à multiplier les situations inhabituelles. L'un des moments les plus étranges fut, ainsi dès 7H15 du matin, de découvrir l'un de mes véhicules de patrouille accidenté à l'intérieur de l'enceinte militaire. La vitre arrière était brisée et le pare-chocs arrière arraché. Les comptes-rendus furent immédiatement remontés et après avoir écarté la possibilité d'une vengeance personnelle ou de personnels ivres, nous nous sommes rapidement orientés vers un choc avec un poids lourd qui aurait manœuvré. En effet, les roues de notre véhicule avaient littéralement glissé sur le sol témoignant de la violence de l'impact. La piste privilégiée serait un choc au petit matin avec le camion livrant le pain. En tant que commandant d'unité et après échanges avec l'état-major de la zone de défense et le commandant en second, j'ai porté plainte contre X à la gendarmerie.

La fin du mandat arrivait à grand pas, la mission était connue de chaque subordonné et nous étions à notre rythme de croisière. Les patrouilles se déroulaient avec un grand professionnalisme et les relèves successives et changements de localisation avaient pour effet de disrupter la routine et de mettre les soldats dans un état de vigilance constant.

Les derniers jours de la mission sont marqués par l'accueil de la relève qui indique l'avènement du mandat suivant. Par le plus pur des hasards, j'avais relevé une unité du 2ème REC et une autre unité de ce même régiment me relevait illustrant la cyclicité et notre rôle de passeurs de témoins aux unités déployées successivement.

En deux journées, chaque cadre transmet à son homologue les consignes et informations utiles pour assurer dans les meilleures conditions la mission. Dans un emploi du temps resserré, j'accompagnais mon successeur à la rencontre des différents délégués militaires départementaux de ma zone et je prenais le temps de lui expliquer les particularités de la zone et anecdotes de mon mandat. Celle-ci était étendue et les déplacements étaient donc chronophages. Le délégué militaire départemental du Loiret avait été d'excellente compagnie, à la fois par sa bienveillance et par son aide logistique et morale, je tenais à le remercier en aparté. Il est de même pour le commandant en second du 12ème Régiment de Cuirassiers qui fut d'une grande aide et de bon conseil; c'est un homme particulièrement bienveillant et facilitateur. Pour chacun d'eux, un tableau de photos, illustrations du mandat et de leur rencontre avec le CEMAT a été offert. Ils ont été particulièrement sensibles à cette attention et m'ont remercié chaleureusement. Ce fut un plaisir partagé de travailleur avec eux.

La mission avait été remplie avec succès. L'environnement sanitaire avait été contraignant avec des relèves intermédiaires importantes et parfois complexes. Aucune perte de matériel n'était à déplorer, ni incident. Les visites d'autorités avaient laissé une excellente impression du 24ème Régiment d'Infanterie et, lors des entretiens de notation intermédiaires pour chacun des personnels, j'avais noté leur souhait de renouveler l'expérience SENTINELLE.

Mandat SENTNELLE T52

Six mois plus tard, j'étais désigné pour la mission SENTINELLE sur le mandat T52 sur le mois d'août 2022 en région Grand-Est. Le plan d'action du chef de corps désignait les 3ème et 4ème compagnies comme étant leader sur cette mission. Le capitaine François, commandant d'unité de la 4ème compagnie assurait le commandement du sous-groupement sur le mois de juillet et je lui succédais sur le mois d'août. Le capitaine Clément de la 3ème compagnie ayant suivi le cours des capitaines en juillet, il ne disposait pas de la disponibilité requise pour assurer la mission en août. Le découpage calendaire était particulier, nous expérimentions en effet une mission à cheval sur deux temps SENTINELLE en partant du postulat que nos effectifs étaient plus facilement mobilisables sur la période des vacances estivales à savoir juillet et août.

La préparation de la mission fut compliquée. Dès lors que l'ensemble des compagnies sont mobilisées, les difficultés s'accumulent selon une progression géométrique. Le remplissage du tableau des effectifs fut fidèle à nos habitudes. Les 80% furent rapidement honorés, des difficultés à armer les 20% restants pour consolider jusqu'à deux semaines avant le départ effectif. Ces difficultés récurrentes conduisent à une instabilité dans la préparation opérationnelle et sont accentuées par une planification dense laissant peu de repos aux soldats. La validation des prérequis fut laborieuse mais les objectifs furent atteints pour la certification des personnels à ma grande satisfaction.

Dès le mois de juillet, le capitaine François avait installé ses quartiers à Metz et prenait la mission à bras le corps. Rencontre avec les autorités, prise de contact avec nos interlocuteurs, connaissance de la zone et de la mission étaient son quotidien. Il avait à cœur de me transmettre l'ensemble des éléments et une situation propre à mon arrivée au premier août. La particularité de cette mission SENTINELLE résidait dans l'existence de relèves à mi-mandat entre unités du même pilier. En effet, le mandat T51 était armé par le régiment médical (RMED) sur le mois de juin et par le 24ème RI sur le mois de juillet alors que le mandat T52 était armé par le 24^{ème}RI sur le mois d'août puis par le 516ème RT sur le mois de septembre. Ce découpage permettait de concentrer l'effort du 24ème RI sur la période de vacances estivales qui est la plus favorable pour mobiliser les réservistes. Pour les unités d'active, la prise de permissions sur les mois de juillet et août s'en trouvait facilitée.

Départ pour l'Est de la France en ce premier jour du mois d'août avec une partie de l'encadrement pour initier la prise de consignes. La troupe restait une journée de plus à Vincennes aux ordres du sous-lieutenant Benjamin et de la sergent Ophélie avec un programme minutieusement préparé comportant du sport, des révisions et la visite du Musée de la Grande Guerre à Meaux. Cette visite historique permet de souder les hommes des différentes compagnies et d'avoir un premier regard sur le premier conflit mondial qui marque profondément le territoire de notre zone de responsabilité.

Arrivé à l'hôpital interarmes Legouest à Metz, mon camarade le capitaine François m'accueille chaleureusement. Nous visitons les locaux où je suis installé ainsi que l'une de mes sections, les bâtiments s'avèrent être très corrects pour l'ensemble des personnels déployés puis nous initions le cycle des visites pour que je puisse découvrir mes principaux interlocuteurs. La première étape est l'Etat Major de Zone de défense de Metz où je rencontrais le chef du centre opérationnel et les chefs des bureaux conduite (J3) et logistique (J4) qui seraient mes principaux interlocuteurs dans les semaines à venir. Dans l'opération SENTINELLE, le Commandant d'Unité est en effet sous TACOM (commandement tactique) d'un Etat-Major Tactique (EMT) ou directement de l'Etat-Major de zone de défense qui lui donne ses ordres. Mon prédécesseur m'accompagne ensuite auprès des délégués militaires départementaux (DMD) de la Moselle situés à Metz et de la Meurthe et Moselle situés à Nancy. Les DMD sont les conseillers militaires du préfet, ils assurent le soutien logistique des sections qui stationnent sur leur département et donnent un éclairage de la situation locale au commandant d'Unité. Les DMD sont de précieux atouts, ils sont des sources d'information privilégiées sur la zone et facilitent grandement le travail du chef de section avec qui ils échangent quotidiennement. Les DMD exercent dans le vocable militaire le TACON (contrôle tactique) sur leur zone qui consiste à coordonner les mouvements, manœuvres et stationnements de l'unité sans lui confier ni de missions ni de tâches.

L'une des singularités de la zone de défense Est est que le territoire est fortement marqué par l'empreinte militaire. L'architecture et les lieux de mémoire ne cessent de nous le rappeler. De plus, de nombreuses garnisons militaires ont été implantées dans ces départements pour protéger notre pays de l'envahisseur situé à l'Est. Aujourd'hui, de nombreux régiments sont stationnés dans l'Est de la France, Metz et Nancy demeurent des villes de garnison importantes. En période de calme relatif, des passants au passé militaire ont une vigilance voire un zèle à remonter des faits insignifiants aux plus hautes autorités militaires de la place. Nous étions prévenus. Périodiquement, je rappelais donc à l'ensemble de mes hommes d'être absolument irréprochables sur la tenue et le comportement.

Contrairement à ma première mission SENTINELLE où 85% des personnels étaient issus de ma compagnie, je n'avais pas une connaissance fine des hommes sous mon commandement sur ce mandat. En effet, le commandant d'unité de la 3ème Compagnie avait suivi un stage au mois de juillet et ne pouvait se libérer sur le mois d'août pour commander le détachement. Les soldats de la 1ère Compagnie représentaient le sixième de l'effectif mais, sur les quinze premiers jours, je bénéficiais d'un officier adjoint de ma compagnie pour me seconder. Tout au long du mandat, je garderai un œil très attentif sur chacun des personnels vigilant au moindre signal et à l'écoute de chacun d'eux. Je réalisais des visites fréquentes et impromptues sur les différentes implantations, je me joignais aux patrouilles, je changeais fréquemment de conducteur pour suivre le pouls de la mission et avoir une idée claire et précise du moral de mes soldats. De plus, un renfort du 516ème RT du volume d'un groupe nous renforçait sur la période. Ces derniers étaient parfaitement intégrés dans la mission.

La passation de consignes et de matériels fut d'une grande fluidité avec la relève descendante. La confiance réciproque et le fait que certains personnels restent sur les mêmes postes ont grandement facilité la transmission de matériels et les échanges sur la connaissance de la zone. *A posteriori*, je découvrais que mon prédécesseur avait souffert de quelques carences dans la gestion de ses personnels mais qu'il les avait palliées juste avant ma venue me laissant une situation saine.

Le vendredi 5 août, j'étais convié au *mission brief* du mandat SENTINELLE T52 à l'EMZD de Metz. La journée est planifiée par l'EMZD avec une présentation de la zone et des différents bureaux pour que les commandants d'unité puissent avoir la vision la plus exhaustive possible sur leur aire de responsabilité. Vu les élongations, cette journée est également l'occasion de rencontrer physiquement mes homologues sur la zone de défense. Les départements qui étaient ainsi limitrophes au sud de ma zone étaient ainsi couverts par un Commandant d'Unité du 12ème Régiment de Cuirassiers d'Olivet qui avait dû m'apercevoir ou me croiser six mois plus tôt. La mission et le schéma tactique étaient similaires à ce que j'avais connu en région Ouest. Je n'étais plus dans la découverte et je pouvais comparer les légères différences entre zones de défense.

La zone de responsabilité formait un quadrilatère de 350 km de front et de 200km de profondeur et comprenait les régions Champagne Ardenne et Lorraine dans leur intégralité, soit huit départements pour une population de 3,7 millions d'habitants et une superficie de de 49 000 km^2. La zone est très rurale avec une densité relativement faible de 75 hab./km^2 eu égard à la densité moyenne en métropole de 106 hab./km^2. Ce chiffre cache de grandes disparités entre les grandes villes du territoire que sont Nancy, Metz ou Reims et les vastes étendues de culture et d'élevage.

Les jours défilaient sur cette mission. Le chef doit s'efforcer de connaître sa zone de responsabilité et ses hommes dans des délais contraints pour accomplir sa mission au mieux. Les déplacements auprès des autorités et DMD se sont succédés me permettant d'approfondir ma connaissance de la zone. Une grande partie de mon temps était également dédiée aux visites programmées ou inopinées auprès de mes sections afin de mieux comprendre leur mission, leur environnement et l'état d'esprit des hommes. Jamais un subordonné ne doit se sentir seul, mes lieutenants et leurs hommes devaient voir que le commandant d'unité pouvait être physiquement sur place en un laps de temps limité. La participation aux patrouilles était rare mais nécessaire, à la fois pour créer un lien de proximité physique avec les hommes et pour comprendre leur environnement. Quel ne fut pas l'étonnement de mes chefs de groupes en me voyant patrouiller sept heures consécutives de vingt heures à trois heures du matin dans le cadre d'un festival à Charleville-Mézières alors que mes groupes se relayaient toutes les deux heures. Pour moi, c'était le moyen le plus efficace de jauger la situation en optimisant mon temps.

L'amélioration du centre opérationnel en déployant une cartographie zonale, l'entretien physique, la rédaction des ordres et l'anticipation sur mes activités régimentaires à venir occupaient le reste de mon temps.

Les problèmes de discipline sont heureusement rares avec les personnels que j'ai commandés. Juste et ferme, j'ai toujours cherché à agir avec diligence et pédagogie dès qu'un incident même mineur m'était remonté. Les hommes ne sont pas dénués de vices et la vie en communauté peut parfois être source de tensions, de jalousies ou de tentations. Par chance, les personnels du 24ème RI agissent rationnellement et mesurent les conséquences de leurs actes. De plus, je créais un environnement empreint de bienveillance et tous en étaient conscients et ne voulaient pas me décevoir avec un comportement inapproprié.

La région Grand Est m'était méconnue. Elle témoignait d'un riche passé fortement marqué par la guerre franco-allemande de 1870 et les deux conflits mondiaux. L'image de Verdun est omniprésente et l'on ne peut stationner à proximité de cette ville si emblématique sans se recueillir à l'ossuaire de

Douaumont ou parcourir les défenses du Fort du même nom. Les sacrifices consentis par des centaines de milliers d'hommes pour quelques arpents de terres sont incommensurables et inspirent le plus profond respect. Les paysages sont encore marqués par l'abnégation de ces soldats. Les cicatrices de ce conflit sont omniprésentes et interpellent notre imaginaire collectif. Le temps ensoleillé et le paysage verdoyant ne peuvent effacer le passé et écarter complètement les pensées qui se tournent vers nos aïeux combattant en ces lieux. Ces champs labourés par les obus et gorgés de sang qui s'étalent à perte de vue sont autant de cimetières pour de valeureux soldats tombés pour la France sous un déluge de mitrailles et de shrapnels dans un décor apocalyptique. Chaque bosquet ne pouvait offrir qu'un refuge de fortune sous une pluie de feu et d'acier. Quel fut le courage de nos aînés de vivre dans des conditions de vie médiocre, dans le froid et l'humidité bravant chaque seconde la mort et l'absence de futur. Nous leur devons notre reconnaissance, celle d'une patrie qui jouit aujourd'hui de la paix et de la prospérité grâce au sacrifice de leur vie.

L'un des lieux les plus symboliques était certainement Valmy, petite bourgade d'à peine 300 habitants située au milieu des plaines de Champagne, qui fut le théâtre de la première victoire décisive des armées révolutionnaires françaises. C'est sur ces terres que les armées des généraux Dumouriez et Kellermann ont défait avec une armée inexpérimentée de 50 000 hommes les troupes du duc de Brunswick plus nombreuses et mieux dotées en artillerie. Les combats furent relativement limités et se résumèrent à une canonnade démontrant la supériorité de l'artillerie française avec le canon Gribeauval mais les conséquences de cette victoire furent incommensurables. En effet, les pertes des deux belligérants furent peu significatives respectivement 300 morts côté français et 184 pour les prussiens mais l'impact psychologique de cette bataille fut colossal. Des troupes peu aguerries issues du peuple ont renversé et arrêté une armée coalisée supérieure en nombre et en canons en boutant l'envahisseur hors de nos frontières. La nation était sauve.

« Tout s'émeut, tout s'ébranle, tout brûle de combattre ! Le tocsin qu'on va sonner n'est point un signal d'alarme, c'est la charge sur les ennemis de la patrie. Pour les vaincre, il nous faut de l'audace, encore de l'audace, toujours de l'audace et la France sera sauvée », les exhortations de Danton n'avaient pas été vaines. Le 20 septembre 1792, les armées révolutionnaires françaises sont galvanisées par les cris de « *Vive la Nation* » repris en cœur par les troupes françaises durant de longues minutes. La rage de vaincre des Français

est telle que l'ennemi est stoppé dans son attaque et bat en retraite. Cette victoire est décisive et mythique. Dès le lendemain, la royauté est abolie et la convention proclame la République. Valmy est le prélude à la conscription et aux levées en masse. Le sentiment patriotique a sauvé la Nation et les acquis de la Révolution.

Dans ce paysage, le moulin de Valmy peint en 1826 par Horace Vernet est profondément ancré dans l'imaginaire de nos concitoyens. Bien que détruit dès le début de la bataille car il servait de point de repère pour l'artillerie adverse, il symbolise ce fait d'arme et l'avènement d'une nouvelle ère marquée par les idéaux républicains et de démocratie. Le nom de Valmy fait écho à l'histoire. Cette bataille inspira le poète Goethe qui y assista et qui eut ces mots « *De ce lieu et de ce jour date une ère nouvelle dans l'histoire du monde* ». Ce village illustre la vaillance et l'audace des soldats citoyens, d'hommes attachés à leur terre et aux principes démocratiques prêts à faire le sacrifice de leur vie pour que leurs idéaux leur survivent. Le jumelage entre Valmy, théâtre des premiers succès révolutionnaires, et de la compagnie du Phoenix armée par des citoyens animés par les sentiments patriotiques les plus nobles apparaissait comme une évidence. Ces hommes sans expérience du métier des armes qui ont versé leur sang face à l'envahisseur pour préserver leurs idéaux sont mes soldats qui, plus de deux siècles plus tard, rejoignent ma compagnie pour défendre leur pays. Débordant d'enthousiasme, j'exprimais la volonté de jumeler ma compagnie avec le village de Valmy. Cette bataille était la première inscrite sur le drapeau de mon régiment. Une rencontre fut rapidement organisée avec le maire pour échanger sur ma proposition et lui présenter mon unité. Nous partagions un même constat, la méconnaissance de cette bataille symbolique parmi les jeunes générations. En mon for intérieur, j'étais attristé d'une si faible affluence sur le site de cette bataille. Je reviendrai, l'initiative était lancée.

Les missions de sécurisation sont plus hétérogènes en période estivale. Ainsi, l'une de nos missions était la sécurisation du plus grand spectacle pyrotechnique de la région à Gérardmer. Une section complémentaire à mon dispositif, dite de RO12 (réserve opérationnelle activable en douze heures) devait me renforcer. Les contacts avaient été pris, l'organisation matérielle et logistique était assurée. Restait la reconnaissance de la zone et le point avec le DMD pour organiser le schéma tactique. La veille de notre réunion, le préfet annulait la manifestation qui réunissait annuellement 50 000 personnes du fait des risques d'incendies nés de l'état de sécheresse. Quelques jours auparavant

40 hectares étaient partis en fumée dans une commune voisine. Le préfet ne pouvait prendre de risques inconsidérés.

La région comptait d'autres manifestations festives en cette période estivale. Ainsi des effectifs furent mobilisés pour le festival Cabaret vert à Charleville Mézières. Certainement le plus gros événement musical pour le chef-lieu des Ardennes avec plus de 200 000 visiteurs attendus sur cinq soirées et des têtes d'affiche connues comme Stromaé, Orelsan ou Véronique Sanson. La section présente a travaillé en étroite collaboration avec les forces de police et les secours présents sur place. Pour cette mission inhabituelle et qui se prolonge sur des horaires tardifs, j'ai patrouillé avec plusieurs groupes différents toute une soirée. Bien que le flux de festivaliers soit important, l'ambiance était décontractée et les débordements minimes (alcoolisations, drogue), lesquels étaient du périmètre des forces de l'ordre et non de la force militaire.

La fête de la Mirabelle faisait également l'objet d'une attention particulière. Le programme des festivités conjuguait élection de la reine de la mirabelle, cortège nautique, fête foraine et vente de produits du terroir. Une manifestation familiale qui participe au folklore local et qui met en lumière ce fruit tant apprécié en Moselle.

Passée la première semaine pour appréhender la zone, la mission est aussi un temps propice pour préparer et anticiper les activités de la compagnie au retour. Judicieusement, je m'organisai sur la première quinzaine avec mon adjoint pour préparer les activités de la rentrée et finaliser quelques exigences administratives de l'état-major. En effet, ce dernier était très demandeur en documents alors que la visite bisannuelle de l'Inspection de l'Armée de Terre était planifiée fin septembre.

Les jours s'égrènent ensuite très rapidement entre les visites à tous les délégués militaires départementaux pour découvrir leur département, les visites aux différentes sections, les nombreux comptes rendus à remonter à la EMZD sur la situation de la zone et la préparation des relèves intermédiaire et finale.

La relève intermédiaire nécessaire pour optimiser la ressource en réalisant des séquençages de 15 jours compatibles avec des employeurs privés était prévue le lendemain de l'Assomption, une journée particulièrement chargée puisqu'une section allait être relevée sur position à l'issue d'un déplacement qu'elle réalisait ce même jour. Le maître mot était l'anticipation et l'organisation alors que cinq flux logistiques différents seraient opérés dans la même matinée.

La relève intermédiaire achevée, mon successeur le capitaine Yann, Commandant d'Unité au 516ème RT effectua une reconnaissance sur place. Cette visite en avance de phase permet de caler les détails propices à une bonne passation de consignes et de matériels pour la relève finale.

Après la dernière relève, le rythme est installé. L'objectif est désormais de préparer au mieux notre succession et de poursuivre la mission sur la lancée déjà initiée. Les cadres doivent être très attentifs aux moindres relâchements. Malheureusement, la fin de la mission du fait de la fatigue accumulée et du retour proche à la vie civile est propice à la décontraction et à l'inattention avant départ. La mission est un moment hors du temps loin des contraintes quotidiennes et où l'attention est focalisée sur le métier de soldat.

Les derniers jours de la mission sont consacrés à la préparation de la relève et à la clôture administrative de la mission. Les cadres de la relève montante se présentent deux jours avant l'arrivée de la troupe. Ce temps est nécessaire à la bonne transmission et compréhension des consignes. Ces moments d'échange et de présentation de la mission, des lieux et des interlocuteurs permettent de mettre les personnels montants dans les meilleures dispositions possibles pour assurer la mission. Une transmission qui s'opère calmement permet de démontrer notre professionnalisme et tisser des liens de confiance et contribue au rayonnement de l'unité. Sur le volet logistique, la section commandement s'active afin de faciliter le transfert de matériel avec l'unité montante et de préparer les multiples réintégrations à notre retour en garnison. La revue minutieuse des matériels collectifs, individuels, du mobilier et des véhicules occupe les derniers jours de mission. Des inventaires sont dressés et signés par chaque partie. Toute casse ou perte doit faire l'objet d'un compte rendu. Le matériel doit être correctement entretenu et propre pour nos successeurs. L'image de notre régiment est en jeu. En parallèle, les chefs de section finalisent les notations intermédiaires et les communiquent à leurs subordonnés après validation par le commandant d'unité. Quant au secrétaire, il prépare les effectifs rationnaires pour anticiper les commandes de repas de nos successeurs et finalisent les situations de prises d'armes pour signature par le commandant d'unité et les attestations de mission SENTINELLE. Les présences sont ensuite saisies dans le logiciel de la réserve opérationnelle connectée pour paiement de la solde. Enfin, le commandant d'unité rédige le compte rendu de fin de mission (CRFM), document qui reprend son appréciation de situation sur la zone ainsi que le soutien logistique.

Mandat SENTINELLE T57

Mes deux années de commandement étaient franchies le 6 juin 2023, je ne pensais pas refaire une mission opérationnelle en tant que commandant d'unité ; le destin en décida autrement. Ma programmation 2023 avait pour axe d'effort l'exercice ORION dont la réussite était l'effet majeur du chef de corps. Ma compagnie y prenait une place prépondérante en étant déployée sur la seconde phase qui était le temps de l'effort. Les troisième et quatrième compagnies devaient être déployées sur le SENTINELLE de l'été. Toutefois, les capitaines de ces compagnies ne pouvaient assurer la fonction de commandant d'unité sur leur mandat estival. Le premier avait un changement d'affectation qui l'empêchait de prendre ses congés, le second participait au stage CFCU, le cours des capitaines, début juin et ses congés étaient donc consommés. Le capitaine Clément de la 3ème Compagnie anticipa dès janvier 2023 sa probable incompatibilité d'agenda et me proposa de prendre la fonction sur le mois de juillet du mandat SENTINELLE T57. Ce que j'acceptai. Je savais que cette mission serait ma dernière mission opérationnelle en tant que commandant d'unité.

Dans la programmation, la troisième compagnie restait l'unité leader, mais vu que le commandement m'en était confié, elle devenait *de facto* et dans l'esprit de tous une mission première compagnie. Je me préparai en conséquence. Dès le mois de mars, les prospections sont lancées au sein de ma compagnie pour remplir le tableau unique des effectifs et des matériels (TUEM). C'est un vrai défi et une course contre le temps. A cette date, le TUEM pour l'exercice ORION dont la 1ère compagnie est leader vient d'être réalisé. L'effort était conséquent et l'incertitude grande à remplir les effectifs sentinelle après un exercice d'une telle envergure consommateur en ressources. De plus, participer à une mission opérationnelle exige la réalisation de prérequis ; or la préparation des douze derniers mois était alignée avec l'effet majeur de la compagnie qui était ORION. Les personnels volontaires sur le mandat de juillet et participant à l'exercice ORION n'auront quasiment pas de week-end de répit entre début avril et fin juillet. Entre l'exercice ORION, les mises en conditions finales, le tir avant engagement, la passation de commandement du chef de corps et la mission en elle-même, l'engagement pour servir la France est chronophage. En parallèle, mes ressources étaient également consommées par l'encadrement d'une FMIR en juillet 2023 et la participation à une mission de garde de dépôt de munitions début août dont les dates se chevauchaient avec SENTINELLE.

Enfin, la planification régimentaire était complexe puisque nous n'avions pas un mandat complet mais deux mi-mandats sur deux zones de défense distinctes. Ce qui était judicieux puisque la période d'engagement de la réserve couvrait les vacances estivales et facilitait donc la prise de permissions pour les personnels d'active, mais le déploiement sur deux zones distinctes posait des problèmes logistiques et de ressources. Les passations de consignes et de matériels se chevauchaient rendant impossible d'engager simultanément des personnels disponibles sur la fin du mandat STNL T57 et début de STNL T58. Le remplissage du tableau des effectifs allait s'annoncer laborieux.

A ma grande surprise, dans les 48 premières heures de la prospection auprès de ma compagnie, une section complète était armée. Rapidement je me tournais vers mon camarade commandant la 3ème Compagnie, avec la crainte que sa compagnie se sente dépossédée de la mission et en le pressant pour avoir connaissance des effectifs qu'il me remonterait afin de bloquer leur place. Début avril, les noms de ses personnels m'étaient communiqués et, suite à des demandes de renforts à l'état-major et aux autres compagnies, le TUEM était rempli à près de 90% avant l'exercice ORION qui débutait mi-avril. Une réelle prouesse mais insuffisant pour accomplir la mission. De surcroît, toutes les compagnies avaient été sondées et les personnels devaient non seulement avoir la disponibilité pour la mission mais également pour réaliser les prérequis et donc sacrifier l'un des ponts de mai et plusieurs week-end. En parallèle, la quatrième compagnie faisait face aux mêmes difficultés pour remplir les effectifs du mois d'août.

Au retour d'ORION, les prospections se poursuivaient. J'y étais presque, à force de relance. Il ne me manquait qu'une poignée de personnels début juin. Je récupérais un chef d'équipe de la quatrième Compagnie et une dérogation avait été obtenue pour que quatre personnels puissent être déployés sur le mandat T58 débutant en août avec douze heures de décalage. Dernière semaine de juin, un unique personnel était manquant. J'avais la certitude que je ne le trouverai pas au 24 RI vu les efforts consentis depuis des semaines à réaliser de multiples relances. Par chance, la section du régiment médical (RMED) qui me renforçait sur la mission avait un personnel en surnuméraire.

Mon unité était complète à quelques jours du départ. Le brouillard persista toutefois jusque la dernière minute sur la présence ou non de mon adjudant d'unité sur la mission, le chef Alexandre. Ce dernier m'avait accompagné sur mes deux précédentes missions et avait apporté son savoir-faire. Seul personnel d'active déployé, il avait une expérience capitale pour la réussite de la mission et était bienveillant envers les personnels. Pièce maîtresse dans le dispositif, son engagement était remis en question sans me proposer d'alternative. Il sera finalement confirmé dans sa fonction. *In fine*, 43% des postes sur le mandat STNL T57 étaient honorés par la 1ère compagnie, 31% par la 3ème compagnie, 10% par la 2ème compagnie et 8% l'Etat-major et la 4ème compagnie.

Le régiment était focalisé sur l'exercice ORION depuis près de deux années, la mission opérationnelle et sa préparation étaient passées au second plan. Aucune mise en condition finale n'apparaissait dans la programmation régimentaire. Prenant les devants, je demandai l'autorisation au chef du bureau opérations instruction d'organiser deux sessions de mise en condition finale régimentaire sur les ponts de l'Ascension et de la Pentecôte. La seconde session étant un rattrapage. Cela correspondait au temps minimal pour valider la préparation. J'avais la confiance du chef du BOI et j'obtins son accord. J'organisai donc les deux mises en condition finale (MCF) pour un effectif de 110 personnels par session. L'effectif était important car il englobait des personnels de toutes les compagnies s'engageant sur juillet ou août. Cet effort massif auquel ont répondu les personnels engagés sur SENTINELLE a permis de valider les prérequis en amont de la mission. L'anticipation ainsi que le suivi individuel des prérequis furent la clé du succès. Le caporal Amine qui fut mon secrétaire administratif sur la mission prit un temps considérable pour appeler un à un chaque personnel qui n'était pas positionné sur l'une des deux mises en condition finale. La collecte des dates de vaccination, pourtant près de deux années après l'épidémie COVID, fut également une tâche très chronophage.

Restait le tir avant engagement obligatoire dans le mois précédant la mission. Le créneau de tir avait été préréservé pour la 3ème compagnie et la mission le premier week-end de juillet. Le lieutenant Stéphane a magistralement organisé le tir, plus de 120 tireurs se sont succédés la journée du samedi 1er juillet. Le dimanche était consacré à la formation glock des cadres.

Bien que toutes les commandes avaient été passées pour la mission, nous découvrions la semaine précédant l'engagement qu'il y avait un aléa sur la perception des gilets pare-balles. Le doute fut rapidement levé. Une autre problématique naquit, l'état-major de la zone de défense demandait expressément des cartes TOTAL pour le recomplètement en carburant. Les soutes à carburant étant peu nombreuses dans la région alors que l'utilisation des véhicules était particulièrement soutenue. La demande de cartes carburants fut anticipée un mois avant le départ mais nos demandes furent refusées pour cause d'indisponibilité. Le gestionnaire local avait attribué de nombreuses cartes pour les véhicules du défilé et ne nous avait pas priorisé alors que nous étions sur une mission opérationnelle. Situation ubuesque qui irrita la zone de défense et qui mit en avant les dysfonctionnements logistiques des groupements de soutien qui manquent de culture opérationnelle.

Les premiers jours de mission faisaient l'objet d'une organisation millimétrée. La dizaine de précurseurs prenait la direction de Valenciennes dans la matinée du 3 juillet pour prendre ses consignes. Je les accompagnai avec les chefs de section. En parallèle, la troupe restait sur Vincennes avec quelques cadres. Leur programme alternait révision des procédures opérationnelles, exercices sur simulateurs VBS3 et SITTAL. Nous avions été sollicités par une équipe du Figaro TV pour un reportage sur notre préparation opérationnelle. Le lieutenant Grégory a su assurer avec brio l'accueil des journalistes et leur exposer une instruction. L'instruction est alternée avec une sortie culturelle au musée des Invalides pour éviter une usure prématurée des personnels avant la mission et calmer leur excitation avant départ. Le soir, le film « bienvenue chez les ch'tis » fut projeté pour un moment de convivialité.

La semaine précédant notre arrivée avait été mouvementée. A la suite du décès d'un jeune homme tué lors d'un contrôle policier, les banlieues s'étaient embrasées et pendant deux jours, les principales agglomérations avaient été le siège de violences urbaines. Valenciennes et surtout Denain n'avaient pas été épargnées avec des dizaines d'interpellations et des dommages estimés à plusieurs millions d'euros. La vigilance s'était accrue autour de notre lieu de stationnement. Mon prédécesseur avait dû adopter une posture dissuasive suite à la divulgation de notre localisation sur les réseaux sociaux. Heureusement, le retour au calme avait été rapide.

Mon prédécesseur m'avait également mis en garde face aux craintes de l'état-major tactique (EMT). Nous étions une unité composée à 97% de réservistes avec une relève importante. Je comprenais pleinement leurs inquiétudes, notamment pour assurer les passations de consignes. Mon défi premier était donc celui de la crédibilité. Je devais rassurer le commandement sur notre professionnalisme. Je m'employai à réaliser dans les délais impartis les éléments demandés par l'échelon supérieur (règlement de service intérieur, backbrief, ordre d'opération, plan de défense des sites, emplois du temps). Je me montrai exigeant vis-à-vis de mes subordonnés. Personne ne devait sacrifier la mission sur l'autel du confort. Nous étions en mission, l'opérationnel primerait, nous ne ménagerions pas nos efforts pour être les meilleurs. Les craintes primitives se dissipèrent vite.

Une particularité de la mission était le renfort d'une section du RMED. Je n'avais aucune information sur la composition de cette section. N'ayant aucun contact, j'ai téléphoné à un lieutenant qui avait travaillé avec moi durant l'exercice Cerbère. Celui-ci était devenu commandant d'unité de la compagnie de réserve du RMED et put m'indiquer quel serait le chef de détachement. Ce fut une heureuse surprise de découvrir l'implication et l'engagement du chef de section et de ses personnels sur la mission. Très féminisée (près de 50% de l'effectif), la section reposait sur un sous-officier adjoint et des chefs de groupe expérimentés, le reste de la section était constitué de personnels pour lesquels la présente mission était leur première mission opérationnelle.

La mission qui était confiée au RMED s'intégrait dans le plan dit « trois baies » avec un focus sur la baie de Somme. Les forces SENTINELLE accompagnent la migration des personnes sur la côte en période estivale. Cette mission survenait quelques jours après leur arrivée. De fait, le lieutenant a eu le loisir de monter de A à Z sa manœuvre en établissant les contacts préalables, les reconnaissances, l'installation initiale. Une mission plus autonome et donc plus responsabilisante pour un jeune chef de section. En amont de la mission, j'avais seulement échangé oralement avec le lieutenant Kian. Je le découvrais en accompagnant sa section lors de son installation à Abbeville et de ses premières visites au commissariat et à la brigade de gendarmerie.

La visite du Général Adjoint Engagement était programmée sur Abbeville le mardi 11 juillet. Je profitai du week-end précédent pour faire le point avec le chef de section, son sous-officier adjoint (SOA) et le reste de la section. Passage par l'armurerie, les lieux de vie et l'installation du centre opérationnel. Je partageais mon expérience au lieutenant sur son installation.

Pour accueillir au mieux l'autorité, nous avions revu le déroulé et poussé jusqu'au plan de table pour que le Général puisse avoir le plus d'échanges possibles auprès des personnels. J'étais très satisfait des personnels de la section du lieutenant Kian. Ils avaient agi avec professionnalisme et dégagé une bonne image de leur régiment et de la réserve opérationnelle.

Les jours suivants, une réunion préparatoire était planifiée pour l'organisation du festival des nuits secrètes à Aulnoye-Aymeries, l'un des grands événements de la seconde partie du mandat. Je m'y rendais accompagné de la première classe Philippine. Cette dernière, étudiante en master sécurité à Assas, était l'un de mes espoirs de la FMIR 28. Dynamique, souriante, hyper proactive, toujours volontaire, elle avait beaucoup gagné en maturité depuis qu'elle avait rejoint la réserve. A la fin de la rotation, je décelai en elle sa capacité à devenir officier dans les prochaines années. La compagnie regorgeait de potentiels futurs officiers, d'active ou de réserve. Contribuer à ce qu'une jeune recrue puisse grandir et s'épanouir dans mon unité était une satisfaction personnelle.

Sur la seconde partie de mandat, le nombre de pannes de véhicules fut assez impressionnant. Elles se succédaient à un rythme effréné. La première panne était celle du bus à 4h30 du matin le jour de l'arrivée de la troupe. Par chance, nous avions réorganisé notre rame et avancé le départ de certains véhicules pour relever dans les temps impartis mon prédécesseur. Les pannes suivantes furent celles de deux de nos quatre GBC, puis d'un boxer, de véhicules Kangoo estampillés SENTINELLE ainsi que d'un VT4 ayant moins de 2000 km au compteur. Le cadencement était impressionnant sur les quinze premiers jours. Heureusement que le sergent Paul qui occupait pour la première fois la fonction de SOCMUE (sous-officier en charge des matériels de l'unité élémentaire) se débrouillait admirablement bien. La période n'était pas propice aux réparations, de nombreux garages manquaient de main d'œuvre ou fermaient tout simplement en période estivale.

La mission est aussi rythmée de moments de convivialité. Nous avions ainsi organisé une salle de repos avec une petite popote. Les horaires d'ouverture étaient restreints pour limiter le bruit. De plus, certains personnels faisaient preuve d'initiative pour proposer des activités variées de cohésion (laser game, escape game, trampoline, bowling). Pour l'anecdote, je rejoignis une quinzaine de militaires du rang pour une partie de laser game. Ils étaient enchantés et ils pensaient que le capitaine serait une cible facile, bien mal leur en prit. Ils avaient sous-estimé l'esprit de compétition de leur commandant d'unité, je finissais premier aux deux parties jouées. Nous avions également quelques anniversaires. Le plus émouvant fut celui de la première classe Eleanor qui était présente sur la mission au passage de son vingtième anniversaire.

L'une des festivités les plus importantes du mandat se déroulait à Douai, il s'agissait des fêtes Gayant. Pendant trois jours se succèdent les processions et apparitions des géants. Le cortège du 9 juillet rassemblait plus de 50 000 personnes dans les rues de la ville, géants, chars et fanfares se succédant dans un environnement carnavalesque. En étroite coordination avec les forces de police, nous avions posé un dispositif de sécurité conséquent et visible. Fruit du hasard, le commissaire nouvellement affecté était issu de la même promotion que l'un de mes anciens réservistes. Les rues de la ville étaient couvertes de confettis, les enfants étaient friands de photos avec les militaires. Indirectement, nous participions au rayonnement de l'armée de terre dans une région qui est un vivier de recrutement significatif.

Avec un rythme dense, la fatigue se fait vite sentir en mission et les moments d'évasion sont rares, *a fortiori* pour le commandement. Je bénéficiai d'une accalmie avant la fête nationale pour m'accorder une après-midi au musée minier de Lewarde dans le prolongement d'une réunion de sécurité pour un événement à venir. J'en profitai pour faire découvrir ce lieu symbolique à deux soldats qui m'accompagnaient. J'encourageais chaque personnel déployé à profiter de ses temps libres pour découvrir le territoire et sa culture. Un travail préparatoire sur powerpoint avait été réalisé en amont de la mission pour identifier les lieux d'intérêt.

Suite aux émeutes de fin juin, l'inquiétude était palpable en sous-préfecture sur le déroulement des festivités du 14 juillet et notamment au sujet des spectacles pyrotechniques. Les contrôles douaniers avaient été amplifiés aux frontières pour saisir d'éventuels mortiers achetés en Belgique. Dès le 13 juillet, le rythme des patrouilles s'intensifiait avec des rappels constants sur la sécurité et les conduites à tenir. Pour ma part, j'accompagnais une patrouille sur Saint-Amand-les-Eaux, une belle station thermale au nord du valenciennois d'une quinzaine de milliers d'habitants, avec casino. Un contraste de richesse saisissant avec le bassin minier environnant.

Le 13 juillet, nous sécurisions un concert des années 90 qui était le prélude aux feux d'artifice. Le stationnement des véhicules était difficile, nous avions donc sollicité le commissariat local pour y placer nos imposants VT4 et réaliser des patrouilles pédestres à proximité du concert. Les rues grouillaient de monde, un public très familial qui nous accueillait chaleureusement. Les prises de photos d'enfants avec mes soldats étaient fréquentes. La proximité avec la population et les mots chaleureux de soutien font ressurgir en chacun d'entre nous le sens de notre engagement et révèlent la joie de nos concitoyens de voir les forces armées dans les rues.

A l'issue du concert, nous avions réalisé une patrouille pédestre à proximité immédiate de l'aire de lancer des feux d'artifice avant de regagner le commissariat. La foule devenait tellement dense que notre mobilité était réduite. Nous allions nous installer dans nos VT4 pour regarder du parking du commissariat le spectacle avant qu'un policier ne nous propose de monter sur les toits du poste de police. La vue était magnifique, nous contemplions la féerie pyrotechnique en surplombant la foule. Aucun incident ne fut relevé en cette soirée.

Contrairement aux craintes soulevées lors des réunions hebdomadaires auxquelles j'avais assisté dans les différentes sous-préfectures de ma zone de responsabilité, le 14 juillet fut très calme. Nous avions patrouillé dans les principales agglomérations de la zone de responsabilité avec un dispositif visible et aléatoire. Les contacts avec les forces de sécurité intérieure (FSI) avaient été excellents, notre présence étant dissuasive pour les délinquants.

Pour ne pas laisser isolée ma section d'Abbeville, je programmai une visite hebdomadaire. L'objectif était de contrôler avec bienveillance et pédagogie l'état du dispositif tout en approfondissant ma connaissance du terrain et des hommes. Mon adjudant d'unité me complétait en réalisant des rotations régulières. A titre d'anecdote, lors de ma seconde visite à Abbeville, je rejoignais une patrouille pour près d'une dizaine d'heures. Le chef de groupe était novice, un peu stressé et avait une posture très académique. Les cadres d'ordres étaient clairs, les règles de sécurité respectées mais le dispositif manquait de fluidité. L'événement que nous sécurisions ce jour-là était des plus originaux puisqu'il s'agissait du championnat de France de voiture à pédales ; un condensé de carnaval et de course d'endurance à Fort-Mahon. Le lendemain matin avant mon départ, le lieutenant Kian qui bénéficiait d'un gymnase organisait une séance de sport collectif à laquelle je participais. La cohésion passe aussi par le sport.

En parallèle se préparait la relève intermédiaire pour les éléments du 24ème RI. Plus de 50% de l'effectif était relevé après seize jours de mission. Le lundi, nous accueillions les précurseurs pour faciliter la passation de consignes et la rendre fluide. La troupe restait à Vincennes pour finaliser l'instruction (mises en situation, outils de simulation) et arrivait le mardi matin. Les personnels descendants[5] se déséquipaient progressivement par groupe pour faire percevoir le matériel aux montants tout en restant opérationnels. La tension est toujours palpable sur ces phases délicates où les descendants sont pressés de rentrer chez eux et où les montants n'ont pas encore saisi tous les aboutissants de la mission. La veille, malgré des consignes strictes, j'avais réalisé des tours de garde entre minuit et 1h30 du matin afin d'éviter tout débordement ou fatigue excessive. Je ne m'étais pas trompé.

La relève s'exécuta globalement sans accroc. Nous étions dans les délais mais l'inexpérience des cadres faisait défaut sur les passations de matériels qui ont lieu souvent dans la précipitation ; les descendants étant pressés de rentrer chez eux. Les montants découvrent la mission. Les perceptions et réintégrations se font rapidement en se succédant pour maintenir une capacité opérationnelle en tout temps et en tout lieu. A l'issue, les patrouilles reprennent leur rythme de façon aléatoire.

La dernière quinzaine de juillet était relativement calme. La région n'est pas reconnue pour ses activités touristiques et la population migre vers le sud ou la côte en période estivale. La seule manifestation d'intérêt était le festival des nuits secrètes à Aulnoye-Aymeries, dont j'ai évoqué précédemment la réunion préparatoire. Plus de 50 000 personnes étaient attendues sur trois jours, à cela s'ajoutait la visite de la ministre de la culture. Les organisateurs étaient expérimentés, les aspects sécuritaires avaient été soigneusement préparés. Il en allait de la crédibilité et de la pérennité de l'événement. Le dispositif que j'avais prévu était plus imposant que celui qui m'était demandé. Mes personnels étaient friands de patrouilles pédestres lors de ce type d'événement. Ce mode de déplacement alliait sentiment d'utilité et fierté de porter l'uniforme. La reconnaissance de la population était perceptible dans leur regard. J'engageais le maximum de personnels que je pouvais sur cette

---

[5] Les personnels descendants sont ceux qui sont sur la mission et se font relever par les personnels montants de la relève suivante.

mission tout en maintenant une pleine capacité d'action et une réserve sur ma zone. Sur les trois soirées, les patrouilles lourdement équipées étaient particulièrement visibles des festivaliers. Notre passage fut également remarqué par le préfet et la ministre de la culture.

L'accalmie inhérente à la mission fut perturbée par des événements exogènes. Le premier fut particulièrement cocasse. Alors que j'étais en déplacement vers Abbeville, je reçois un appel du lieutenant Pierre. Celui-ci me remonte une demande de découché pour un sous-officier en me faisant ressentir l'urgence, puisque la demande était initiée pour le soir même. Ne souhaitant pas décider dans l'urgence, je prends quelques minutes de réflexion. Le sous-officier arrivé trois jours plus tôt lors de la relève, occupe un poste à responsabilités et soumet sa demande en mon absence. De plus, la demande n'est pas formalisée ni justifiée. J'émets un refus formel qui est notifié à l'intéressé. Je demande expressément au lieutenant Pierre de s'assurer du retour du sergent en soirée. A 23h45, je reçois un appel du lieutenant Pierre. Il me rend compte que le sergent n'est pas présent sur l'emprise et demeure injoignable malgré de nombreuses tentatives de le joindre. A cette heure tardive, nous avions déjà rendu compte au centre opérationnel que la journée s'était déroulée nominalement. Je craignais que le sergent ne soit dans un bar ou qu'il fasse une mauvaise rencontre. Quinze minutes plus tard, un second appel du lieutenant m'indique que le sergent a posté dans l'après-midi des photos sur un réseau social d'un hôtel facilement identifiable à Valenciennes. J'ordonne à mon officier adjoint et au lieutenant Pierre, d'aller le recueillir dans cet hôtel. Ils s'y rendent en civil, se présentent à la réception et le récupèrent dans sa chambre. Interloqué, il ne comprend pas la situation. Je le reçois le lendemain et je lui notifie un « vol bleu » après m'être préalablement entretenu avec ma hiérarchie et son commandant d'unité. Pour les non-initiés, le « vol bleu » est une mesure conservatoire pour l'écarter de la mission. Je souhaitais être ferme : un cadre avait désobéi à un ordre expressément donné et était injoignable à une heure où il aurait dû être sur l'emprise. Je rappelai à tous que l'accomplissement de notre mission était la priorité, le confort était secondaire. Le second événement fut la visite de notre chef de corps le 26 juillet. Celui-ci avait pris le commandement du régiment le 17 juin et je n'avais pas eu l'opportunité de m'entretenir avec lui depuis cette date. Sa visite devait lui permettre de mieux connaître nos missions opérationnelles et de mieux appréhender son régiment et ses hommes. La mission fut pleinement remplie. Au point de situation et à la visite des locaux succédèrent un échange avec le chef de l'état-major tactique et les cadres présents. La visite s'acheva par une patrouille pédestre en centre-ville. Le dernier événement fut générateur d'anxiété. Une semaine avant notre retour, le sergent Raphaël fut victime de punaises de lit. Ses jambes portaient les stigmates des piqûres de ces insectes hématophages.

Les mesures prophylactiques furent prises dans des délais très brefs. L'adjudant d'unité et le gérant de l'hôtel prévenus, un protocole minutieux fut appliqué pour prévenir leur dissémination. Les vêtements et objets personnels furent isolés et lavés à haute température ou placés dans un congélateur, la chambre fut enfumée et nettoyée. Tous les matelas furent inspectés. La transparence fut totale avec les personnels, plus vite un foyer de punaises serait détecté, plus vite nous pourrions le circonscrire. Par chance, le cas relaté resta isolé. L'impact psychologique fut toutefois réel et prononcé pour un personnel qui fut déstabilisé par la présence de cet insecte qui obnubilait ses nuits. Je pensais en avoir terminé avec les excursions nocturnes. Ce ne fut pas le cas, je découvrais à une heure trente du matin, un caporal-chef dans une chambre qui n'était pas la sienne. Jusqu'à la dernière minute, je me devais d'être vigilant sur l'application du règlement de service intérieur.

Très investi dans la mission, je ne ménageais pas mon temps. Entre les patrouilles, les déplacements auprès des autorités civiles et militaires, les documents à préparer et à anticiper, la coordination avec la FMIR en parallèle ; le temps qui me restait était réduit. Je mettais à profit ce reliquat pour finaliser les notations annuelles et préparer une marche en terrain libre. Après les préparations pour l'exercice ORION, les mises en condition finales pour SENTINELLE, je souhaitais organiser une marche de cohésion à la rentrée en incorporant les nouvelles recrues de l'été. J'avais décidé de la réaliser sur ma terre natale, entre Flandres et Audomarois. Les contacts furent pris avec mon lycée, La Malassise, pour un hébergement au gymnase et avec le directeur du musée de La Coupole à Wizernes pour obtenir la gratuité des entrées pour mes personnels. Une belle activité qui s'annonçait à la rentrée.

Le temps filait. Déjà se présentait la dernière semaine, synonyme de relève. J'en prenais pleinement conscience avec ma dernière visite à la section stationnée à Abbeville. J'exprimai ma satisfaction d'avoir travaillé avec le RMED et nous anticipions déjà des activités ou formations communes. J'appuyai sur la vigilance à maintenir sur les derniers jours du mandat et l'exemplarité qui devait être la leur face à la relève. Ce serait l'image que l'on conserverait de leur unité. Au passage, je déposai la première classe Léa, qui avait renforcé sur les quinze derniers jours le 24ème RI. Agée de 18 ans, c'était sa première mission opérationnelle, elle s'illustrait par son adaptabilité, sa volonté et sa capacité de s'intégrer. Elle m'avait positivement surpris et m'avait accompagné dans mes différents déplacements. Pour des raisons logistiques, elle repartirait d'Abbeville avec son unité. Parallèlement à la préparation de la cinématique de la relève, j'enchainais les relectures des notations intermédiaires.

La relève se déroula conformément à la planification. Le capitaine Gabin de la compagnie de soutien de la 4ème brigade d'aérocombat (BAC) avait anticipé son arrivée. Nous avions échangé à de multiples reprises par mail et téléphone, il disposait des principaux documents nécessaires à la réussite de la mission. Chaque montant était binômé avec un descendant occupant la même fonction. La passation du matériel fut supervisée par le chef Alexandre et se révéla très fluide. Avec l'accumulation du stress et de la fatigue, quelques tensions interpersonnelles naissantes apparaissaient. Chacun est animé par la volonté de bien faire et orienté sur sa propre tâche priorisant son périmètre au détriment de celui des autres. L'inexpérience et la jeunesse de quelques cadres accentuent ce phénomène. Heureusement, la bonne tenue de la troupe et la rigueur dont nous avions fait preuve au cours de la mission nous préservaient d'une agitation excessive.

Le dernier jour de mission était arrivé. Nous étions sur le départ. Les derniers matériels se transmettaient d'homme à homme, groupe par groupe pour assurer la continuité de la mission. Nous étions rôdés. La qualité de la passation primait sur toute urgence à rentrer. Nous prenions notre temps pour nous assurer de la bonne compréhension des consignes par les personnels montants ; l'image du professionnalisme de notre régiment en dépendait. Quinze minutes après le départ de notre premier poids lourd, celui-ci percutait un véhicule léger qui lui avait coupé une priorité. Nous n'étions pas responsables et ce fut notre premier et dernier événement du mandat ! Rentrés à Vincennes, nous procédions aux différentes réintégrations.

La mission ne peut être considérée comme terminée que lorsque l'ensemble des personnels sont rentrés à leur domicile ou plutôt que l'ensemble des opérations logistiques et actes administratifs ont été accomplis.

Le retour de mission est marqué par les réintégrations de matériels et armement. Bien anticipée et coordonnée, la réintégration sera fluide. Dans le cas contraire, une mauvaise réintégration peut ruiner les lauriers acquis et laisser une image déplorable d'une mission qui aurait été un succès opérationnel. Le soin apporté au matériel, le contrôle et la réalisation des comptes rendus sont essentiels au bon déroulement de cette phase de fin de mission. Les logisticiens aiment rappeler que l'entretien du matériel est un acte de combat. La rigueur nécessaire à la réintégration contraste avec la fatigue ou l'euphorie des personnels pressés de rentrer chez eux. Armuriers et magasiniers se doivent d'être fermes car la pression du temps est mauvaise conseillère. Les erreurs ou lacunes lors de la réintégration se décèlent *a posteriori* mais leur coût est alors disproportionné en énergie et en temps. Mieux vaut prendre le temps nécessaire pour que la réintégration soit correctement finalisée, que de verser un tribut en énergie et temps passé, contrepartie d'une fin d'activité bâclée.

Si le retour des véhicules, du matériel, de l'armement est la partie la plus visible pour les personnels, la clôture d'une mission s'accompagne d'un volet administratif intense. Le commandant d'unité rédige son compte rendu de fin de mission ou retour d'expérience, RETEX dans le jargon militaire, à destination de ses supérieurs hiérarchiques. Parallèlement, il reçoit les personnels ayant participé au mandat pour leur communiquer leur notation de fin de mission. Enfin, il atteste de la présence de chaque personnel afin que chacun d'eux puisse être soldé et recevoir les primes afférentes. Les personnels rentrés, le matériel réintégré, l'administratif finalisé scellent la fin officielle de la mission.

L'accomplissement d'une mission opérationnelle ou d'un exercice interarmes clarifie les idées reçues sur l'armée d'active. Mes hommes, pour participer à une mission opérationnelle à l'instar de la mission SENTINELLE, ont suivi des prérequis et ont été certifiés par le chef de corps. Sur le terrain, aucune différence n'est perceptible entre personnels d'active et de réserve, ils portent les mêmes uniformes. Les objectifs et les attentes sont identiques dès lors que l'on sert le même drapeau. Aucune distinction autre que statistique n'est faite.

Au demeurant, les différences entre personnels d'active et de réserve ne sont pas inexistantes et sont propices aux complémentarités. Ainsi, les personnels d'active auront une expérience accumulée leur permettant de réaliser rapidement des tâches maîtrisées par le drill quotidien. Ils auront de l'aisance, une connaissance fine des personnels et sauront s'économiser pour durer.

Les personnels de réserve réalisent une mission sur un temps donné généralement court, ils sont volontaires pour la mission qui est une parenthèse dans leur quotidien. De fait, ils sont surmotivés et s'investissent pleinement dans la mission. D'un niveau académique généralement supérieur, ils ont besoin de comprendre et souhaitent engranger des connaissances. La mission est pour eux une opportunité d'être confronté au quotidien de leurs camarades d'active. Sur le plan technique, le niveau est hétérogène entre personnels récemment entrés et les anciens personnels d'active que l'on peut compter dans nos rangs, mais la volonté de bien faire couplée avec une capacité d'apprentissage et d'adaptation très forte comblent rapidement ce déficit initial sur le plan technique. Une réelle complémentarité, certainement sous-exploitée, existe entre les deux catégories de population. Les personnels d'active ont à cœur de partager leurs expériences et leurs techniques à des réservistes curieux. Les uns y trouvent de la reconnaissance, les autres acquièrent des connaissances utiles.

B. Entretenir la flamme de la mémoire

La force de caractère d'un peuple se forge dans son passé, ses racines qu'il convient de ne point oublier. Le Général de Gaulle introduisait ainsi son ouvrage sur l'Armée de métier par le propos suivant : « *La France fut faite à coups d'épée* ». D'innombrables guerres et hauts faits d'armes ont construit la nation française. L'histoire de France n'est qu'une succession de batailles participant à l'établissement de nos frontières actuelles. Les grands hommes émaillant le roman national sont essentiellement des hommes de guerre ayant ardemment défendu le territoire hexagonal ou ayant par leur volonté expansionniste agrandi ses frontières. Que l'on songe à Vercingétorix, Charlemagne, Louis XIV, Napoléon ou de Gaulle, chacune de ces personnalités est associée à des faits d'armes et incidemment à l'esprit de sacrifice des combattants. Chaque coin de terre a été conquis par le sang versé et l'exaltation de milliers voire de millions de combattants animés par le désir de vaincre pour préserver notre souveraineté, notre patrimoine, nos modes de vie et libertés.

Les lieux de mémoire, stèles, monuments aux morts, musées, ne sont qu'autant de témoins des sacrifices consentis par nos aînés et l'exemple de leurs vertus pour que nous puissions vivre dans une société pacifiée et nous rappellent à chaque instant la vacuité de la guerre.

S'efforcer de trouver des alternatives à l'emploi des armes doit être l'objet premier de tout devoir de mémoire. Ne pas revivre les privations, sacrifices et souffrances liées à la blessure ou à la mort. Tout belligérant doit épuiser minutieusement toutes les alternatives avant de sortir le glaive. Les lieux de mémoire doivent aussi inspirer l'exemplarité de nos aînés en sacrifiant leur vie pour des idéaux qui les dépassent. Nous ne devons souffrir d'aucune lâcheté si la guerre est la dernière extrémité pour défendre la démocratie et la liberté. L'hésitation n'est pas permise car toute décision différée ne ferait que décaler le conflit et accroître son intensité. Le courage impose d'utiliser la force légitimement et à bon escient pour défendre nos concitoyens et la liberté des peuples.

Le devoir de mémoire fait partie intégrante de la formation d'un soldat. Pour élever sa conscience et accroître sa force morale, il doit s'approprier ce bagage mémoriel. Comprendre d'où il vient pour savoir où il va. Dans une vie frénétique, guidée par la quête du temps, les silences, cérémonies et les lieux solennels sont des moments primordiaux pour rappeler le sens profond de l'engagement. Des moments de recueil devenus bien trop rares et pourtant essentiels.

Notre société est traversée par une perte de sens généralisée surtout auprès des nouvelles générations. L'émergence des nouvelles technologies et le culte de la performance n'ont fait qu'accentuer cette crise d'identité dans l'indifférence générale. Bien malgré nous, nous y participons de manière non intentionnelle en désacralisant des rites devenus actes administratifs et vécus comme des formalités alors qu'ils peuvent être lourds de signification pour l'intéressé à l'image de la signature ou du renouvellement du contrat. La dématérialisation facilite et décomplexifie grandement les process mais au prix de la perte de sens. Loin de l'uniforme et des étendards de la salle d'honneur, le soldat appréhende t-il la portée de son engagement? La signature en bas de son contrat l'engage jusqu'au sacrifice ultime et sans aller jusqu'à cette extrémité à une quarantaine de jours annuellement *a minima* sacrifiés pour servir sous les drapeaux. Autant de journées où il ne pourra s'adonner à ses passions favorites et sera éloigné de ses proches.

Heureusement, les rites de passage importants dans la vie d'un soldat sont sanctuarisés. La remise des décorations ou l'avancement de grade se réalisent sur les rangs devant la troupe. La symbolique de la médaille ou du grade devant ses pairs est un témoignage de reconnaissance vis-à-vis du récipiendaire ou promu et l'érige comme un exemple à suivre pour ses camarades.

Les exigences qui pèsent sur le commandant d'unité et sa cellule administrative les obligent à privilégier l'efficacité. Constamment ils doivent rechercher l'efficacité pour préparer et réaliser les missions mais aussi pour répondre aux multiples demandes individuelles. Faute de temps, certaines actions ne peuvent être solennisées dans un espace-temps de plus en plus contraint.

A cet égard, les traditions demeurent très vivaces au sein des armées. Les hommes vivent en effet en communauté et, pour beaucoup loin de leurs attaches personnelles et familiales. La tradition permet de fédérer les hommes autour d'idéaux et de valeurs communes. Les traditions assurent également le lien entre générations, elles créent un sentiment d'appartenance et soulignent l'exemplarité de nos prédécesseurs. Les insignes, les chants, les salles d'honneur revêtent une importance particulière dans les armées et certainement sous-estimées par le monde civil où l'attachement à des symboles forts est en déperdition.

Au sein du 24ème Régiment d'Infanterie, l'acquisition d'une culture militaire se fait essentiellement par la participation aux cérémonies, les visites et les cours dispensés.

Les cérémonies rythment la vie d'un régiment. Les commémorations sont des temps de recueillement pour l'ensemble des participants rappelant les horreurs de la guerre mais également les sacrifices de nos prédécesseurs pour défendre la démocratie et nos libertés. Bien souvent, un moment d'échange avec les associations patriotiques et autorités locales suit la cérémonie. Les dates du 8 mai et du 11 novembre sont sanctuarisées dans notre planification, le volume d'un groupe voire d'une section participe systématiquement aux cérémonies qui contribuent pleinement au devoir de mémoire et fortifient le lien armée-Nation.

Les passations de commandement marquent quant à elles le passage de témoin entre chefs de corps ou commandants d'unité. Ce sont des moments importants de la vie d'une unité qui change de chef. La cérémonie acte la fin du temps de commandement du chef et accueille son successeur qui prend officiellement ses fonctions. Des cérémonies de moindre importance rythment l'agenda d'une unité. A l'instar des cérémonies de fin de formation initiale qui solennisent la fin des classes pour les jeunes recrues. D'autres sont liées à des demandes ponctuelles émanant de la garde nationale ou du commandement de la force logistique. Deux cérémonies sont planifiées d'une année sur l'autre, la rentrée du commandement du territoire national (COMTN) aux Invalides et la fête du train qui réunit l'ensemble des formations du pilier. Les demandes d'autorités civiles locales sont nombreuses mais ne peuvent toutes avoir un retour positif, la vocation du régiment étant d'être opérationnel. Aux cérémonies s'ajoutent les multiples visites d'autorités civiles ou militaires qui nécessitent selon le protocole de les accueillir avec un piquet ou une section d'honneur selon le statut de l'autorité reçue.

Participer à une garde au drapeau, un piquet ou une section d'honneur doit être une fierté pour les personnels présents. Le port de l'uniforme en ces occasions devant des autorités est la reconnaissance de leur engagement et des sacrifices consentis. Lors des cérémonies, les personnels sont observés, jugés à la fois sur leur tenue, leur attitude et la discipline de l'unité. A travers une poignée d'hommes, c'est toute la qualité d'une unité qui transpire.

Le volume de journées d'activité dévolu aux cérémonies reste toutefois marginal. Les unités de la réserve opérationnelle sont des forces combattantes et non des forces de représentation, l'effort est mis sur la préparation opérationnelle. De plus, les cérémonies qui s'intercalent en jours ouvrés sont peu propices à la mobilisation de volumes importants.

Les visites de lieux historiques ou de mémoire doivent être encouragées, il s'agit d'opportunités rares dans une planification surchargée. Ces temps mémoriels sont précieux et grandement appréciés des soldats qui y retrouvent des exemples, des valeurs, des sacrifices dans les horreurs de la guerre. Les faits, les images, les récits sont autant de témoignages qui les bouleversent et les invitent à la réflexion sur le monde d'aujourd'hui et leur engagement.

La visite du Musée de la Guerre aux Invalides en treillis suite à l'annulation d'une activité fut accueillie avec enthousiaste par les personnels. Les visiteurs étaient médusés de voir ce public en kaki philosopher, discuter et partager avec eux leurs connaissances historiques. Doctorants et professeurs en histoire sont surreprésentés dans les rangs. Les passionnés d'histoire sont légion.

Pour favoriser la cohésion entre personnels de différentes compagnies avant la mission opérationnelle, j'avais pris l'initiative d'organiser une sortie culturelle pour les personnels alors que les cadres prenaient les premières consignes sur la mission. Les visites du château de Vincennes et du Musée de la Grande Guerre me donnaient raison sur les bienfaits de ce moment à la fois ludique et éducatif.

Les missions opérationnelles sont propices à la découverte de lieux historiques qui font la France. Nombreux sont ceux qui ont pu découvrir Chambord ou Verdun sur une mission SENTINELLE. L'accueil chaleureux de certaines unités lors de notre stationnement peut nous ouvrir leur salle d'honneur à l'instar de celle du 12ème Régiment de Cuirassiers. L'accumulation de ces parcelles d'histoire forge l'identité du soldat.

Afin d'accroître la culture militaire des personnels, des cours sont dispensés dès la formation initiale. En FMIR, les fondamentaux sont abordés tels que l'organisation de l'Armée de Terre, les grades et les missions. Ponctuellement des cours sont dispensés sur les traditions et la présentation des autres armées. Les personnels sont avides de connaissances, mais les niveaux sont très hétérogènes entre de véritables passionnés de l'histoire militaire ou ceux qui ont un environnement familial propice et les autres. Les cours magistraux, le support en ligne ou les activités sur le terrain permettent de renforcer la militarisation et la culture militaire des citoyens soldats.

En définitive, les rites et traditions permettent d'insuffler, d'entretenir et de développer l'esprit guerrier au sein des unités. Chaque commémoration, chaque cérémonie, chaque témoignage renforce l'identité, la cohésion et l'esprit de camaraderie.

C. Vers le combat de haute intensité

Les signaux faibles d'un réarmement du monde se multiplient. Le contexte géopolitique se durcit et l'immixtion de la réalité de la guerre sur le sol européen n'en est que la triste concrétisation. Depuis quelques années, des tensions démographiques ou afférentes à l'accès aux ressources se dessinent. Des velléités territoriales se font jour, des conflits non éteints ressurgissent alors que les deux superpuissances en compétition cherchent à étendre leur zone d'influence. Dès le mois d'octobre 2021, le Général Thierry Burkhard, Chef d'Etat-Major des Armées, présentait sa vision stratégique et l'impératif de « durcir » l'Armée de Terre face à de nouveaux affrontements. Après deux décennies de conflits localisés et de menace asymétrique, des conflits plus durs et exigeants sont à venir. Ces nouveaux conflits éclateront face à des adversaires puissants et déterminés et se caractériseront par un changement d'échelle assimilable à une guerre totale. Ils interféreront sur tous les champs de la société et résulteront en des pertes humaines massives.

Afin de se préparer à l'éventualité d'un engagement majeur, la France a fait le choix de rehausser son niveau d'entraînement en organisant un premier exercice de niveau division dès 2023 puis de le renouveler sur une base triennale. L'objectif poursuivi est « *d'entraîner les formations de combat et les unités de soutien des armées, directions et services à planifier et conduire des opérations, dans un contexte de coalition menée par la France face à une combinaison de forces, conventionnelles et non-conventionnelles* ». La première édition, baptisée HEMEX-ORION pour hypothèse d'engagement majeur et opération d'envergure pour des armées résilientes, interopérables, orientées vers la haute intensité et novatrices s'articulera en quatre phases distinctes. Une première phase de planification s'étale du printemps à l'automne 2022, suivie d'une seconde phase avec une opération interarmées au printemps 2023 mobilisant plus de 7000 militaires dans le sud de la France et en méditerranée. Une troisième phase civilo-militaire sous l'égide du secrétariat général de la défense et de la sécurité nationale serait jouée en parallèle avec des dimensions diplomatiques, logistiques et dans le domaine de la lutte informationnelle. Enfin, la dernière phase s'étalant de mi-avril à mai 2023 serait une opération tactique engageant près de 10 000 hommes dans le nord-est de la France dans une phase d'affrontement avec des troupes réelles et simulées contre un ennemi conventionnel et non conventionnel. Le combat de haute intensité est une guerre totale avec une saturation de tous les domaines et un retour de la masse.

Les forces françaises n'avaient pas effectué d'exercice de haute intensité en terrain libre de niveau divisionnaire depuis l'effondrement du bloc soviétique. Des exercices avec des volumes humains conséquents permettaient de démontrer la crédibilité et la détermination de l'armée française en période de guerre froide où la menace symétrique était réelle. Ainsi des exercices de niveau corps d'armée ont été réalisés dans les années 80 comme l'exercice Crèvecœur en 1987 réunissant plus de 25 000 hommes ou le dernier en date l'exercice Champagne 89 avec 28 000 hommes engagés. L'exercice ORION participe de cette même logique de démontrer notre crédibilité à engager les armées françaises dans un combat durci. Il permettra de s'entraîner avec un volume conséquent et de tester notre capacité notamment logistique dans le cadre de l'hypothèse d'un engagement majeur.

Dès son arrivée, le chef de corps nous a présenté son effet majeur : la préparation de l'exercice ORION 2023. Dans son plan d'action publié en décembre 2021, il précise « *L'effet final recherché est de disposer d'un régiment dont l'effectif des services de l'état-major, notamment RH, est stabilisé et formé afin de permettre que le recrutement, l'instruction et la formation des personnels du 24 concourent à l'engagement d'un EMT et de deux compagnies lors de l'exercice ORION 2023, tout en assurant son contrat opérationnel.* ». Les 1ère et 2ème compagnies seront le fer de lance du régiment en étant leaders sur ORION 2023 et armant chacune 82 personnels sur deux des trois semaines du 15 avril au 6 mai 2023. L'effort est considérable sur une période aussi longue et à ce moment de l'année.

Avec l'aide du 121ème Régiment du Train, une campagne de formation d'adaptation à l'utilisation du système d'information du combat SCORPION (SICS) a été organisée dès mai 2021 permettant à de nombreux cadres de se former à la numérisation de l'espace de bataille. Au niveau régimentaire, des efforts ont également été réalisés avec la participation de notre maître de simulation, l'adjudant Cédric, qui avait planifié des séances avec les outils VBS3 (niveau groupe) et ROMULUS (niveau section et compagnie). Le 24ème Régiment d'Infanterie a été associé en novembre 2021 à un exercice mené par le COMLOG et utilisant le système SICS. Sur deux semaines, une compagnie protégeant le déploiement d'un groupement de soutien divisionnaire a ainsi été joué en simulation par des officiers détachés.

Un parcours normé a également été élaboré, rebaptisant les préparations opérationnelles en préparations ORION avec des objectifs assignés sur chaque activité d'instruction. Ce parcours normé assez synthétique était composé de dix préparations et de deux contrôles de l'instruction par le bureau opérations instruction. Les attendus pour chaque activité étaient précisés. La connaissance des missions du concept de combat terrestre (C3T), la maîtrise des procédures radio et des cadres d'ordre était prioritaire. Les orientations pour les commandants d'unité étaient donc données.

Parallèlement, l'un des enjeux majeurs pour le régiment était la montée en puissance d'un poste de commandement. Jusqu'à présent, l'état-major avait assuré des fonctions support mais jamais des fonctions opérationnelles. Comme évoqué précédemment, le régiment devait fournir un état-major tactique pour l'exercice ORION 2023. Pour le chef du BOI, tout était à construire. Il pouvait compter sur quelques anciens d'active et certains personnels ayant réalisé des OPEX ou ayant suivi des certifications état-major mais le vivier demeurait limité.

Afin d'être sur objectif, des exercices sur carré vert ont été montés par le BOI. Le premier intitulé CERBERE eut lieu au camp de la Courtine en octobre 2021. Le 24ème RI avait préparé l'exercice sur le plan opérationnel et logistique. L'effort était significatif notamment pour la section logistique qui réalisa un travail remarquable. L'exercice s'étalait sur deux jours avec pour participants des commandants d'unité et des chefs de section des compagnies de réserve du pilier. Chaque commandant d'unité était accompagné sur toute la durée de l'exercice d'un mentor. Le premier jour était dédié à la rédaction des ordres, OPO[6], WINGO[7], backbrief[8], rehearsal[9]. Le second jour, la manœuvre était jouée en déplacement, chaque chef de section et commandant d'unité ayant ses propres moyens de transmission et son véhicule tactique. L'autorité immédiatement supérieure au chef de corps, le général de brigade Fauche, commandant le poste de commandement de la force logistique (PCFL), réalisa une visite d'autorité sur l'exercice pour en contrôler le bon déroulement et avoir sa vision sur les capacités et le potentiel de progression des réserves avant ORION.

Le régiment renouvela ensuite ce format carré vert destiné à entraîner l'état-major tactique à quatre reprises en nommant cet exercice BABLON du nom d'un ancien chef de corps du 24ème RI. Les trois premières occurrences furent réalisées à Vincennes. Une tente modulaire était montée pour l'état-

---

[6] OPO : operational order, ordre d'opération qui décrit la manoeuvre

[7] Wingo : warning order, ordre préparatoire en français permettant de pré-alerter les subordonnés en donnant des ordres succincts.

[8] Backbrief : vérification de la bonne compréhension de l'ordre et questionnements

[9] Rehearsal : rejeu de la manœuvre sur une carte ou une caisse à sable

major et les transmissions installées afin de créer une ambiance la plus proche de l'exercice ORION en économisant toutefois les moyens engagés. Le 132ème Régiment d'Infanterie Cynotechnique nous accompagna et nous tutora dans ces exercices carré vert. Son aide fut très appréciée de l'ensemble des participants. La difficulté était double dans la réalisation de ces carrés verts. La première résidait dans la nécessaire mise à niveau des personnels d'état-major sur leur fonction opérationnelle. Rares étaient ceux qui maîtrisaient les techniques et procédures d'état-major. La seconde était liée à l'impératif de coordination au sein de l'état-major. La fluidité, la coordination, le travailler ensemble ne peuvent s'acquérir que par l'habitude. Les quatre exercices BABLON ne seront pas de trop pour parvenir aux attentes de l'échelon supérieur. L'animation de l'exercice était conduite par les commandants d'unité et les chefs de section. La progression entre les différents carrés verts était sensible mais la rédaction des ordres et la fluidité restaient à parfaire.

Le quatrième carré vert s'inscrivait dans l'exercice OSTERODE 2022 à Brétigny. L'objectif était de diffuser auprès des unités élémentaires de réserve du pilier les connaissances que nous avions acquises sur les exercices BABLON et d'entraîner notre état-major tactique avec des subordonnés extérieurs. Initialement, les commandants d'unités du 24ème RI avaient pour mission de mentorer leurs camarades du pilier. Dans les faits, les unités de réserve du pilier n'étaient en capacité de n'armer que la moitié des postes à pourvoir et nous avons comblé les places manquantes. L'exercice fut une franche réussite, réalisé de manière pédagogue et bienveillante avec la contribution de nombreux officiers d'active issus du pilier. Leur expérience et leur aide permirent aux réservistes joueurs présents de monter en compétence dans des délais réduits. Ce dernier exercice constituait un contrôle opérationnel pour l'état-major tactique déployé par le 24ème RI et concrétisait les efforts consentis sur les douze derniers mois.

<u>La marche vers ORION</u>
En tant que commandant d'unité de l'une des deux unités leader, j'avais pris l'initiative de diviser la période en deux rotations se chevauchant pour donner de la visibilité et permettre d'engager le maximum de personnels sur cette mission. Vu l'effort considérable demandé à la compagnie sur une période de trois semaines, nous anticipions dès septembre 2022 la réalisation du tableau unique des effectifs et matériels (TUEM) pour initier la fiabilisation des effectifs. Très motivés pour participer à cet exercice

d'envergure, de nombreux personnels ont besoin d'avoir une visibilité sur les dates de projection pour s'organiser et prévenir leur employeur. Au fil de l'eau, nous collections et confirmions les présences des personnels avec l'aide notamment du lieutenant Romain. Dès décembre, une demande de renforcement auprès des troisième et quatrième compagnies avait été initiée.

En janvier 2023, les dates de participation du 24ème RI à l'exercice étaient marquées par l'incertitude. Nous allions désormais participer sur une période de deux et non trois semaines avec toutefois une incapacité à statuer sur l'existence d'une possible rotation interne. La réduction du temps imparti à l'exercice a permis en une semaine de compléter les deux tiers de l'effectif. Nous avions proposé de notre propre chef une date de rotation interne avec un délai de passation de consignes de 48 heures nous laissant une marge de manœuvre. En effet, les commandants d'unité étaient forcés de donner des dates fixes à leurs personnels, nous ne pouvions donner des dates aléatoires pour avoir un engagement ferme au risque de nous discréditer. Prendre le risque de mobiliser une journée supplémentaire était un risque acceptable qui pourrait s'avérer utile pour préparer les personnels et percevoir les matériels et offrir de la souplesse dans la mise en place de la relève.

Deux années que nous nous préparons pour cet exercice majeur de l'Armée de Terre s'inscrivant dans la guerre haute intensité et qui a un écho particulier dans un contexte de guerre sur le sol européen. Le chef de corps a fait de la participation du régiment à cet exercice son effet majeur. C'est une étape importante pour le régiment qui s'était concentré sur la protection du territoire national avec l'opération SENTINELLE. Sur les deux dernières années, nos soldats ont réappris et perfectionné les fondamentaux du combat et de la rusticité. L'exercice ORION IV permettra au régiment d'illustrer les savoir-faire de la réserve et de gagner en visibilité alors que le rôle et les missions de la réserve opérationnelle sont en réflexion.

L'état-major du régiment et la deuxième compagnie sont déployés depuis le 15 avril 2023 sur le camp de Suippes et forment le groupement tactique BATPROTEC 24. Celui-ci est renforcé d'éléments du 132ème Régiment d'Infanterie Cynotechnique et d'une compagnie du pilier du COMLOG avec des sections du 121ème, du 511ème et du 515ème Régiment du Train. La mission donnée au BATPROTEC 24 est de contrôler les zones jouxtant le PC divisionnaire. Une partie de l'exercice est simulée avec une différenciation entre le CAX (partie virtuelle) et le LIVEX (partie jouée sur le terrain). Ainsi dans l'exercice, notre position réelle est retranscrite pour correspondre à un emplacement virtuel dans l'exercice. Nous protégeons la base arrière à savoir le groupement de soutien divisionnaire. Dans l'exercice, nous sommes donc derrière les premiers et seconds échelons qui jalonnent l'ennemi. L'ennemi que nous devrions rencontrer est constitué de miliciens ou forces spéciales qui souhaiteraient affaiblir la force en détruisant des points sensibles pour désorganiser la logistique pour le front. La première semaine de l'exercice fut relativement calme. Ma compagnie constituant le SGTIA[10] Bleu, n'était engagée qu'à partir de la seconde semaine de l'exercice, celle-de l'effort. Le départ de la compagnie pour le camp de Suippes était prévu le samedi 22 avril.

La veille, je percevais avec quelques précurseurs les derniers effets avant notre départ. Quelle ne fut pas ma surprise lorsque je découvris que nos gilets pare-balles (GPB) de type Tigre étaient en taille unique….XXL. Nous percevions 85 gilets en taille extra large alors que ma compagnie était majoritairement constituée de gazelles et de chats maigres portant du S, M ou L. Il s'agissait d'une totale aberration. Mes personnels et moi-même allions devoir marcher ou courir avec des gilets non adaptés à notre morphologie. Le gilet tombait au-dessus du niveau des genoux pour les plus petits de la compagnie dont les cuisses étaient couvertes de bleus. Nous nous adapterons, nous n'avions pas le choix et la mission est sacrée.

Samedi 22 avril, le grand jour était arrivé. L'excitation était perceptible. Les personnels affluaient de toute part et revêtaient leur treillis, les sacs s'amoncelaient. A sept heures précise, je rassemblais tous les personnels présents pour leur rappeler l'importance de l'exercice et son caractère unique. Je leur expliquais la mission et transcrivais les mots du chef de corps en leur rappelant que l'attente peut être source de frustration mais qu'elle fait partie intégrante de la guerre.

Notre organisation était millimétrée et sous le contrôle de la chef Ophélie, qui avait préparé un dispositif de perception en trois phases : casques, gilets par balle et armement. Les trois chefs de sections et leurs sous-officiers adjoints maîtrisaient leur fonction. Les perceptions étaient fluides. A dix heures, les deux bus prévus et leurs remorques étaient chargés. La gamme tactique composée d'un camion GBC et de cinq VT4 était prête. Cela était une gageure

---

[10] Sous-groupement tactique interarmes : est le pion de manœuvre d'un GTIA du volume d'une compagnie

et mérite d'être souligné, jusqu'au dernier instant l'événement le plus improbable pouvait survenir, à l'instar de ce personnel de l'état-major qui stationne son véhicule la veille devant notre GBC l'immobilisant de fait et nous forçant à le faire revenir à 8 heures du matin pour le déplacer en urgence. Nous avions vingt minutes de retard sur l'horaire demandé mais la sécurisation des perceptions était primordiale si nous ne voulions pas avoir de mauvaises surprises dans une manœuvre engageant autant de personnels avec une relève intermédiaire prévue. Nous partions la fleur au fusil pleinement conscients de l'importance de l'exercice pour l'avenir de l'emploi de notre régiment.

Les kilomètres défilaient entre Vincennes et Suippes. Notre rame s'était un peu distendue, la moitié de nos badges télépéage n'étaient pas fonctionnels ! A notre arrivée, nous déchargeons sous une pluie fine nos sacs et nous organisons les perceptions des chambres puis du matériel sensible et des munitions sous le contrôle de la chef Ophélie. Les sous-officiers adjoints répartissent le matériel au sein des sections et mon adjudant d'unité, l'adjudant-chef Dominique s'enquiert des sujets de restauration et de perception des rations. Pour ma part, je file au centre opérationnel suivi de mon adjoint pour avoir un premier point de situation et recevoir mes ordres. L'atmosphère est étrange, nous arrivons enthousiastes avec l'envie de combattre et nous découvrons au camp bâti des visages blêmes et fatigués, nous comprenons rapidement ce que le SGTIA Rouge a subi la première semaine de l'exercice et que je devrais placer l'homme, premier instrument du combat, au cœur de mes préoccupations pour durer.

Arrivé au centre opérationnel, on m'explique la situation sans me donner directement l'ordre d'opération qui ne me parviendra que dans la soirée. Je croise les informations pour comprendre la situation, aucun élément de m'était parvenu la semaine précédant mon arrivée. Une poignée d'ordres est donnée aux chefs de section pour que mes personnels s'installent rapidement. Parallèlement, je comprends que ma compagnie sera déployée lundi en début d'après-midi sur le terrain. Déploiement finalement avancé au dimanche midi du fait de l'épuisement du SGTIA Rouge. De mes premiers échanges, je comprends que la première semaine s'est déroulée sous la pluie, dans l'attente avec peu de contacts ennemis et que la durée sur le terrain n'avait pas été anticipée mettant à rude épreuve la rusticité des personnels de rouge. De surcroît, trois personnels en hypothermie avaient été évacués les deux derniers jours. Je savais pertinemment que pour durer et combattre dans les meilleures conditions avec l'objectif de vaincre, je devais créer un environnement bienveillant, de confiance et faire le maximum pour mes personnels. C'est à ce prix que leur engagement sera maximal et que nous vaincrons.

Les perceptions se déroulaient nominalement. L'ordre d'opération (OPO – Operation Order) m'était transmis, je l'étudiais avec mon adjoint qui avait déjà monté la cartographie pour que nous étudiions le terrain et le fuseau qui nous était alloué. Dans l'articulation du dispositif, la première compagnie devenait le SGTIA Bleu, la deuxième compagnie le SGTIA Rouge et la compagnie du pilier le SGTIA Jaune. Chaque compagnie était renforcée d'un groupe cynotechnique du 132 RIC d'aide à la détection et neutralisation humaine (ADNH) et un groupe d'aide à la recherche et détection d'explosif constituait un élément réservé à disposition du GTIA[11].

Face à nous se présentait le volume d'une section ennemie armée d'armement léger individuel (ALI) et potentiellement véhiculée sur pickup. Cet ennemi serait hybride, constitué de miliciens Tantales mentorés par des éléments des forces spéciales Mercure. Ces forces ennemies chercheraient à harceler et déstabiliser la force en attaquant notamment des cibles à haute valeur ajoutée dont le poste de commandement du groupement de soutien divisionnaire que nous protégions.

L'analyse terrain de notre fuseau permettait de déterminer les points hauts qui nous servaient de points d'observation sur les vastes plaines agricoles et les axes de circulation à l'instar de la main de Massiges. Le chef de corps nous avait confié pour mission de détruire deux à trois groupes ennemis dans notre zone d'action afin de lui interdire la libre circulation. Les éléments relatifs à la logistique (ravitaillement, dépannage, évacuation sanitaire) et la coordination notamment par les transmissions étaient précisés. Nous étions prêts pour la mission.

Dans les instants suivants, je prodiguais un ordre préparatoire (WINGO) à mes chefs de section pour qu'ils prennent leurs premières dispositions. La journée fut intense. La préparation, l'anticipation et la cohésion de mes

---

[11] GTIA : groupement tactique interarmes est un système de forces temporaires conçu pour une opération donnée et sous les ordres d'un chef unique. C'est le module de base d'emploi tactique du volume initial d'un bataillon. Il est systématiquement interarmes.

personnels avaient permis de fluidifier le process d'installation. J'en étais très satisfait mais je m'interrogeais déjà sur les jours suivants car le contraste entre mes hommes souriants et les personnels de rouge fatigués était saisissant.

Le lendemain matin, nous avions pu profiter du petit déjeuner à l'ordinaire de campagne. Un confort que nous ne retrouverions pas avant huit jours. A l'issue, chacun préparait son sac pour tenir trois, cinq ou huit jours sur le terrain. Nous n'en avions aucune idée, autant envisager une durée longue et s'y préparer mentalement. De son côté, la chef Ophélie, ingénieur chez Thales, vérifiait l'installation de nos postes radio. Les transmissions ont eu une place essentielle dans l'exercice et le savoir-faire de la chef Ophélie a contribué directement au succès de la mission. Le déjeuner pris, nous partions rejoindre l'emplacement où était localisé le train de combat n°1 (TC1). Le SGTIA Rouge y était localisé depuis cinq jours et nous allions le relever. L'emplacement était situé dans une clairière sur un terrain boueux, deux tentes modulaires s'y dressaient ainsi qu'une antenne LA 50 pour les transmissions. Une rapide prise de consignes fut réalisée avec le SGTIA Rouge sous une pluie fine. Le dispositif de contrôle de la zone, de sécurisation du PC et de l'utilisation de la tablette SICS a été abordé. Le transfert d'autorité (Transfert of Authority – TOA) acté, nous étions désormais en contrôle de la zone ; le SGTIA rouge devenait l'élément réservé (Quick response force – QRF) stationné au camp bâti. La mission qui m'était confiée était de contrôler la zone, mission « *consistant à se déployer sur un secteur avec ou sans usage de la force, de façon à en assurer la libre disposition, à déceler et neutraliser toute présence suspecte aux abords de l'espace contrôlé et à éviter sa destruction ou sa prise par l'adversaire* ».

Mon dispositif était articulé en trois sections. Une section bouclait la zone dans le compartiment nord du fuseau, une section avait une mission similaire dans le compartiment sud. La dernière section protégeait le train de combat n°1 (TC1) et était mon élément réservé. Les relèves avec rouge s'étaient organisées sur position. Sur la journée de dimanche, journée de relève, j'avais adopté le même dispositif que mon prédécesseur n'ayant pas eu le temps d'appréhender complètement la zone alors que s'organisait la relève. Le TC1 était situé à 40 minutes par voie routière du camp bâti et l'un de mes impératifs était de m'y rendre quotidiennement à 18 heures pour y recevoir mes ordres et me coordonner avec les deux autres commandants d'unité.

Tout au long de la mission et dans tous mes déplacements, je suis accompagné de mon fidèle conducteur le première classe Aïssam et de mon radio le première classe Gwenaelle. Cette dernière, qui n'appartenait pas à ma compagnie organique et qui occupait pour la première fois la fonction d'opérateur radio fit sensation. Le centre opérationnel la louait d'éloges sur son élocution claire et sa maîtrise des procédures radio. Ce fut une révélation pour elle. Mon conducteur et mon radio jouaient un rôle essentiel dans la mission en assurant le suivi des communications pour me permettre de me concentrer et de prendre du recul. L'écoute est en effet permanente sur les deux réseaux à ma disposition. Le réseau haut me permet de communiquer avec le centre opérationnel et le réseau bas avec mes subordonnés.

Dès le premier soir, nous installions notre bivouac pour tenir dans la durée à proximité immédiate du TC1. Mes deux lieutenants présents dans les compartiments nord et sud avaient fait leur reconnaissance de la zone et pris liaison avec des civils pour trouver un hébergement plus durable. Les contacts avaient été pris pour bénéficier de deux hangars durant l'exercice, l'un à Gratreuil, le second à Rouvroy-Ripont. Les deux sections y seraient installées dès le soir suivant. Le mot d'ordre était de ne pas subir mais de durer.

A l'aube du second jour sur le terrain, un appel radio nous ordonne de reconnaître une départementale pour 8H30. La section du lieutenant Grégory s'active et embarque rapidement dans les GBC précédée du groupe de renfort cynotechnique. Avant de s'engager sur la départementale, un groupe est déposé en appui sur un point haut surplombant l'itinéraire. Dix minutes plus tard, les deux GBC sont détruits par une section d'infanterie et cinq blindés ennemis placés en embuscade. La section arrivée en appui est détruite également. Le nombre et l'armement de l'ennemi sont totalement décorrélés des informations transmises dans l'ordre d'opération. Nous faisons face à un ennemi trois fois plus nombreux que prévu et se déplaçant avec des blindés. Nous lui infligeons des pertes mais bien inférieures à celles que nous subissons. Pour la suite de l'exercice, la force est régénérée. Ce fut notre seul revers mais infligé dès les premières heures de l'exercice. Dans les jours qui suivirent, le lieutenant Grégory aura sa revanche en détruisant deux blindés ennemis de type BTR traversant le village de Rouvroy-Ripont ; un ennemi dont le renseignement acquis ne laissait pas présager la présence dans notre zone d'action.

Afin de durer, une rotation entre les sections avait été organisée. Chaque section restait deux journées dans un compartiment de terrain puis une journée en *quick response force* (QRF) au niveau du TC1. Deux des trois sections étaient renforcées en continu d'équipes cynotechniques. Chaque chef de section organisait son dispositif de contrôle de zone en mettant en place des patrouilles mobiles et aléatoires ou des points de contrôle fixe de type checkpoint. Certains se sont parfois aventurés à mettre en place des embuscades sur les départementales. Les jours se succédaient avec quelques actions quotidiennement, de la neutralisation d'une équipe ennemie à la détection d'engins explosifs improvisés (EEI). Tous les personnels étaient sur le qui-vive prêts à une action de feu, le plus compliqué étant pour beaucoup de s'installer dans la durée et dans l'attente.

Lors du point quotidien au centre opérationnel de jeudi, un ordre en cours d'action fut diffusé. Il organisait la relève du SGTIA Bleu par le SGTIA Jaune dès le lendemain matin. Des mesures de coordinationsfurent prises avec mon homologue commandant le SGTIA Jaune. La nuit fut pluvieuse, nos bâches trempées, nos pieds s'engluaient dans la glaise. Nous démontons notre bivouac sous une pluie fine.

Vendredi vers neuf heures, le SGTIA Jaune quitte le camp bâti pour rejoindre les positions de mes sections et les relever sur place. A dix heures, le commandant d'unité du SGTIA Jaune arrive au TC1. Je lui présente la situation, mon dispositif, et la perception des matériels s'organise (deux tentes modulaires, deux antennes LA 50, un groupe électrogène). Ses personnels présents depuis dix jours sur la mission ont le regard hagard. Au cours de la mission, ils ont été logés soit dans un gymnase, soit au camp bâti. Un éclair les parcourt quand l'esplanade de boue devant nos tentes se dévoile à eux.

Accompagné de mon homologue, nous initions une reconnaissance pour visiter les deux sections dans les compartiments nord et sud. Le transfert d'autorité est fixé à midi, la responsabilité de la zone m'incombe jusqu'à cet horaire et je dois être en mesure d'agir et de poursuivre ma mission jusqu'au transfert d'autorité (TOA). Mes chefs de section sont déterminés à rester jusqu'à la dernière minute sur position. A onze heures, nous sommes revenus sur le TC1, le commandant d'unité de Jaune a désormais une idée précise du dispositif existant. Les dernières transmissions de consignes et ajustements sont en cours alors que le chargement des deux seuls GBC à ma disposition débute pour initier les norias vers le camp bâti dès que l'ordre de départ sera donné.

Soudainement le combiné grésille, l'ordre est donné au SGTIA Jaune de dégrailler l'intégralité des munitions d'exercices de leurs chargeurs et de les transférer au camp bâti. Dans le SGTIA, c'est l'incompréhension qui prédomine. Je ne dispose pas de plus d'informations qu'eux. Tous se demandent comment ils poursuivront l'exercice sans munition.....A midi, le transfert d'autorité est acté, mes sections décrochent progressivement au rythme des mouvements des GBC.

De retour au camp bâti, mon unité s'apprête à s'installer pour se mettre en QRF conformément aux ordres reçus la veille. D'un pas posé et satisfait du bon déroulement de la relève, je me dirige vers le centre opérationnel pour suivre et comprendre la situation. Dès le seuil de la porte franchi, on m'annonce que je mènerai une opération héliportée dimanche avec toute ma compagnie et qu'une instruction de mécanisation s'organisait pour 16 heures. Cette instruction était obligatoire pour recevoir les consignes d'embarquement et de débarquement. Il me restait deux heures pour organiser le rapatriement de l'ensemble de mes sections encore sur le terrain du fait des moyens de transports restreints à notre disposition. Les mesures prises dans la matinée s'éclaircissaient, le retrait de munitions du SGTIA Jaune avait pour but de préserver notre potentiel en munitions pour l'opération héliportée de dimanche. Je hâte mes cadres pour le retour au camp bâti et nous identifions le personnel qui participera à l'opération héliportée. En effet, une partie des effectifs est désengagée le samedi et une relève montante les remplacera.

Dès 15H30, nous sommes plus d'une centaine à attendre l'arrivée des hélicoptères de l'ALAT à proximité d'un stade de foot situé à quelques centaines de mètres du camp bâti. L'instruction pour l'embarqué / débarqué est dispensée par des personnels du 5ème Régiment d'Hélicoptères de Combat. Pendant près de deux heures, nous écoutons puis réalisons les opérations de sécurité à bord des deux NH90 et des deux Cougars présents. Les personnels sont ravis, leur regard s'illumine au départ des appareils. L'enthousiasme pour l'opération de dimanche est à son summum. A mon niveau, je m'empresse de réaliser le tableau unique des effectifs et des matériels (TUEM) pour l'opération de dimanche. La relève intermédiaire de samedi complique la manœuvre car les nouveaux arrivants ne pourront pas participer à l'opération n'ayant pas suivi l'instruction de mécanisation. L'état-major fait le choix de deux sections du SGTIA Bleu et une section du SGTIA Jaune pour participer à l'opération. L'intégralité de mes personnels restants est prévue initialement, deux personnels ne pourront pas y participer du fait d'un appareil en panne samedi. La soirée est consacrée à la formation des sticks. Le stick est un volume de six personnels embarquant par une porte de l'hélicoptère, la capacité d'emport de chaque appareil étant de douze personnels. Pour chaque appareil, je constitue les sticks et je remplis les informations personnelles pour qu'à l'atterrissage nous soyons opérationnels et regroupés en section le plus rapidement possible. De l'incertitude sur la constitution des sticks et les points de regroupement mettraient en péril la manœuvre. Avec la relève intermédiaire, j'ai dû reconstituer les sections avec les restants, celles-ci perdent donc de leur cohérence à la veille du départ. Je compte sur l'expérience de mes cadres et sur la fluidité de l'information pour que chacun soit à sa place. Des manifestes de vol sont préparés pour que chaque chef de stick puisse informer ses personnels et donner le document à sa montée dans l'hélicoptère.

Pour les personnels, le samedi est dédié à la remise en condition et à la préparation des sacs pour l'opération héliportée. Les cadres préparent la relève intermédiaire et veillent à son bon déroulement. Une trentaine de personnels vont relever des hommes du SGTIA Bleu. La transmission des équipements individuels et des armes se fait nominativement avec un suivi minutieux et contrôlé pour éviter toute perte. Avant notre départ, les listes précises des participants et des numéros d'armes avaient été préparées fort heureusement mais cela n'évite pas les multiples vérifications. Parallèlement, le SGTIA Rouge se désengageait en totalité. Dès que la relève fut opérée, j'accompagnais le chef de corps et le CBOI avec mes chefs de section à Sissonne pour le mission brief de l'opération héliportée et une reconnaissance sur site du village de Jeoffrécourt au CENZUB[12].

Rentrés au camp bâti à 22h, nous recevions l'ordre d'opération de la mission et nous réalisions un rehearsal dans une caisse à sable avec la compagnie de réserve du 1er régiment de chasseurs parachutistes (RCP) qui nous renforcerait dans l'opération héliportée. Leur commandant d'unité avait servi près de dix-neuf ans dans l'active et maîtrisait le combat urbain. Notre mission était de nous emparer de la zone pavillonnaire nord de Jeoffrécourt, la réussite de

---

[12] CENZUB : centre d'entraînement aux actions en zone urbaine : centre de formation situé à Sissonne disposant d'un village reconstitué.

l'opération résiderait dans la coordination entre nos deux unités pour que notre progression soit fluide avec des appuis constants. Dans la soirée, nous avions rejoué à plusieurs reprises le déroulement de l'opération pour que notre coordination soit optimale. Les cadres étaient présents. Chacun savait quelle maison était prise par qui à quel moment.

Dimanche 30 avril, au lever du soleil, chaque participant à l'opération héliportée est prêt. L'excitation est palpable, nous réalisons l'opportunité que nous avons de participer à cette opération et l'impact que celle-ci aura pour le régiment. La compagnie a un rôle essentiel, nous participons pleinement à la contre-attaque qui est la bascule dans cet exercice et sommes pleinement intégrés dans l'offensive menée par la force avec des moyens matériels conséquents. L'opération intégrée à la stratégie de communication de l'armée de terre sera largement médiatisée avec une quinzaine de média en observation.

Rassemblés sur la zone de poser des hélicoptères, les personnels forment les colonnes composant les sticks pour se préparer à l'embarquement. Leurs visages s'illuminent à l'arrivée des appareils. L'ordre qui nous est donné est celui d'embarquer, nous nous dirigeons vers les aéronefs et chacun monte dans la sérénité et la discipline.

Le déplacement se fait en vol tactique dans des NH 90 ou Cougars, nous survolons les champs de colza de quelques mètres, nous pouvons humer le parfum de ces cultures. Durant près de vingt minutes, nous parcourons la distance de Suippes à Sissonne. A neuf heures, l'escadrille nous dépose dans une pâture à quelques centaines de mètres de la zone pavillonnaire. Une section se déplace au Nord pour poser un appui. Les deux autres sections font jonction au carrefour Sud et poser un second appui. Aux sept premières machines ayant déposé ma compagnie, succèdent à cinq minutes d'intervalle sept autres hélicoptères déposant l'unité du 1er RCP. L'opération Koufra peut commencer !

Le bruit des balles crépite, les colonnes d'assaut se forment. Conformément à notre plan, la compagnie du 1er RCP donne l'assaut aux premières habitations, chacune étant numérotée. Dès que l'habitation 105 est prise, je lance ma première section aux ordres du lieutenant Théophile qui déborde les habitations déjà occupées par le RCP pour prendre d'assaut deux nouveaux pavillons. Le rythme de l'assaut doit accélérer, le lieutenant Valentin débouche avec sa section pour prendre les trois habitations suivantes. Un groupe du SGTIA Jaune me renforçant reste en appui avec son armement collectif, les deux autres groupes sont mis à contribution pour prendre la dernière habitation de ce quartier pavillonnaire. Après deux heures de combat, la force adverse est vaincue. Parallèlement, le 12ème Régiment de Cuirassiers a fait irruption dans la zone industrielle de la ville et s'est dirigé vers le centre historique. La mission est accomplie.

L'opération Koufra achevée, nous revenions à Suippes par voie routière à bord de GBC. La seconde rame qui m'emportait rentrait à 17 heures au camp bâti. A peine arrivé, je me présentais au centre opérationnel, une nouvelle mission qui débutait le soir même m'était confiée. Je donnais une poignée d'ordres et il me restait deux heures pour articuler mon dispositif pour la soirée. Je devais prendre en compte les personnels de la relève montante, les intégrer à la manoeuvre, percevoir des munitions réelles et des gilets pare-balles de type tigre « réels » et non d'instruction. Je ne recevrais les ordres écrits que le lundi mais ma mission de sécurisation débutait à 20 heures. Celle-ci consistait à sécuriser du dimanche 30 avril 20 heures au vendredi 5 mai 8 heures un dépôt de munitions et les infrastructures du VIP Day qui clôturait l'exercice ORION avec l'accueil de près de 300 autorités.

La compagnie s'adapte rapidement. Une section s'équipe pour sécuriser la nuit les champs de tir où seront entreposés les matériels sensibles en vue du VIP Day, une autre section est en charge de la sécurisation du dépôt de munition et d'armer l'élément d'intervention du camp bâti. Une rotation interne entre les groupes est organisée. Je découvre que je n'ai pas suffisamment de gilets et de munitions réelles pour armer la troisième section dans son intégralité, je préfère la conserver en élément réservé et la place à l'instruction. Des éléments me renforceront le jour du VIP DAY et armeront le stand du régiment pour la présentation statique. A mon étonnement, je découvre qu'un groupe du CRR-FR[13] me renforce. Je l'intègre au dispositif. Dans un espace-temps très contraint, nous sommes prêts pour cette nouvelle mission. La réactivité et l'intelligence de mes personnels y ont pleinement participé. Le dispositif est affiné les jours suivants après la réalisation d'une reconnaissance et en prenant en compte les besoins complémentaires pour la

---

[13] CRR-FR : corps de réaction rapide France : état-major de niveau corps d'armée, basé à Lille. Le CRR-FR disposait d'une compagnie de réserve utilisée notamment pour la protection des postes de commandement.

répétition générale du 3 mai et le VIP Day le 4 mai. Parallèlement, le lieutenant Théophile s'évertue à instruire sa section et à fraterniser avec les unités présentes au camp bâti pour faire progresser ses personnels. Une marche est organisée par le CO sur des lieux historiques ainsi que des instructions en combat urbain (AZUR). La marche prévue le mardi fut écourtée. Suite à un appel du centre opérationnel, je recevais une nouvelle mission : prendre un pont sur la Marne. Je n'avais pas plus d'informations, je plaçais mon adjoint sur la sécurisation du VIP Day et je rapatriais aussitôt le lieutenant Théophile. La mission était imminente, les hommes étaient prêts et excités à l'idée de prendre un pont. Les ordres étaient lancés, recueil des personnels, perception des munitions, préparation des rames tactiques et des paquetages…..en moins d'une heure nous serions prêts ! Entretemps, l'opération fut annulée au grand désespoir du lieutenant Théophile. A défaut d'y avoir participé, elle avait le mérite de mettre en lumière notre capacité de réversibilité.

Les jours suivants, les opérations de sécurisation se déroulèrent dans la sérénité. Les chefs de section avaient correctement organisé leur dispositif pour accomplir la mission. La répétition générale et le VIP Day se déroulèrent dans le calme conformément aux ordres reçus. La mission fut rythmée par quelques anecdotes. Au premier rang desquelles la visite du SIRPA Terre pour interviewer deux personnels réservistes. Ce fut un plaisir de revoir la première classe Clémence, désormais célébrité sur les réseaux sociaux de l'armée de terre où elle excelle en communication et ancienne de la 1ère compagnie. De manière inopinée, la chef Ophélie fut mise à contribution sur la présentation dynamique du VIP Day. Rouage essentiel de ma compagnie, elle était d'une polyvalence exceptionnelle, à la fois sous-officier armement, référent communication et spécialiste des transmissions, elle allait être le seul figurant du 24ème RI lors du VIP Day remplaçant au pied levé un figurant photographe suivant une section d'infanterie au combat.

Au camp bâti, les premières tensions se faisaient jour notamment avec le major de camp qui soulevait de nombreux irritants pour les personnels. Ratisser la place d'armes cinq fois de suite ou balayer les cailloux hors du caniveau ne pouvait qu'agacer des personnels déjà fatigués par plus de dix jours de mission. Je m'efforçais d'apaiser les tensions et à l'expliquer aux cadres pour que nous terminions la mission dans de bonnes conditions. Tout au long de la mission, le soutien n'acceptait pas que la réalisation de la mission primait sur les contraintes logistiques. Que la logistique doive s'adapter à la mission et non l'inverse leur était difficile à comprendre.

La veille du départ, nous avions fixé avec le chef opérationnel, le lieutenant-colonel Matthieu les modalités du retour. Les horaires d'arrivée des bus et de libération des chambres avaient été fixés ainsi que les renforts nécessaires pour les travaux d'intérêt général (TIG). L'horaire du lever des personnels était à discrétion du commandant d'unité soit 6h et n'avait pas été fixé à 4h30 comme il avait pu être proposé, ce qui aurait conduit les personnels à attendre……pour attendre. Une autre difficulté levée au dernier moment avait animé la journée, bien que dans mes ordres de mouvement je prévoyais le retour de quatre-vingt personnels sur Vincennes, un unique bus était prévu.

Les consignes pour le départ furent transmises à la troupe avant que nous ne fassions un petit pot avant notre départ en fraternisant avec des américains présents sur le camp bâti. Pour éviter toute dérive, le nombre de bières avait été limité à une par personne et l'extinction des feux était fixée à 22 heures. En outre, notre mission de sécurisation se poursuivait jusque 8 heures le lendemain matin. Des patrouilles aléatoires en véhicules étaient prévues dans la nuit. Je participais à la première patrouille pour vérifier la cohérence du dispositif de surveillance.

Revenu peu avant 23 heures sur le camp bâti, je souhaitais m'assurer personnellement du respect de l'extinction des feux accompagné du lieutenant Antoine. Il ne me fallut pas cinq minutes pour suivre un groupe qui se dirigeait vers la popote d'une autre unité hébergée sur le camp bâti. Le groupe suivi n'appartenait finalement pas à mon unité mais me conduisit à deux de mes personnels que je renvoyais en chambre. Dans les minutes qui suivirent, je découvris une autre chambrée qui n'appliquait pas mes ordres. La popote improvisée fut fermée sur le champ. Ayant un pressentiment, je fis une dernière ronde et je retrouvai la chambrée indisciplinée sur mon chemin. Pris en flagrant délit, ils retournèrent rapidement en chambre et ne bougèrent plus. D'expérience, je savais que les derniers jours de mission sont propices au relâchement et donc à l'augmentation de l'accidentologie. Le chef doit savoir donner un moment de respiration tout en fixant des limites et les faire respecter pour éviter toute dérive.

Le vendredi 5 mai, à six heures pétantes, chaque chambrée se réveille. Les duvets sont repliés pour finaliser les sacs déjà préparés la veille, les taies mobiles de matelas sont retirées et remplacées puis les chambres sont nettoyées avant leur revue. Tout le monde s'active, nous sommes partagés entre un brin de nostalgie à quitter ce lieu et la joie de retrouver nos proches le soir. La rame tactique puis le premier bus quittent les lieux, une section attendra le second bus une heure supplémentaire. Arrivés à Vincennes, l'armement est nettoyé, les casques et gilets réintégrés puis les véhicules lavés. La vigilance doit rester à un niveau élevé jusqu'à la dernière minute, compter puis recompter matériels et armement pour s'assurer qu'il n'y ait aucune perte. A 18 heures, tout est réintégré, je rassemble les personnels pour leur exprimer la fierté d'avoir participé avec eux à cet exercice et je leur souhaite un bon retour chez eux. La mission ne s'achève que lorsque le matériel est réintégré et les personnels rentrés dans leurs foyers. Le compte rendu est fait au chef du BOI et au chef de corps. La mission ORION IV est terminée.

L'après ORION : marche des Flandres et exercice Vézinet

La fin de mon temps de commandement approchant à grand pas, je souhaitais organiser une activité compagnie en septembre 2023 avec un triple objectif. Le premier serait de renforcer la cohésion au sein de l'unité après douze mois consacrés à l'instruction ORION et SENTINELLE en intégrant les nouvelles recrues de juillet. Le second serait de renforcer le lien armée/Nation avec une marche en terrain libre tout en intégrant une composante culture militaire. Enfin, la marche étant l'essence de l'infanterie, la distance devrait être suffisante pour participer à l'aguerrissement des personnels. L'engouement des personnels fut massif, près de 90 personnels s'étaient inscrits à la marche, 80 furent présents.

L'organisation de cette marche fut initiée dès juillet avec une prise de liaison du délégué militaire départemental adjoint du nord lors de ma mission SENTINELLE T56. Le vendredi 15 septembre, nous partions ainsi vers 23h de Vincennes pour arriver au Lycée La Malassise vers 2h30 du matin et s'installer dans le gymnase. Le directeur de mon ancien lycée nous avait généreusement offert cette possibilité lorsque je l'avais sollicité. Samedi, au petit matin, nous partîmes en bus pour la ville de Cassel qui domine les Flandres. Le maire et un historien nous accueillaient sur notre point de départ, situé à proximité de la statue du Maréchal Foch contemplant la plaine en contrebas. J'appris tardivement que le Général VANDAMME, figure de la ville de Cassel, était un ancien du …24ème RI ! De surcroît, la marche que nous réalisions entre Cassel et Hondschoote, d'une distance de 30 km, était celle que les braves du 24ème RI avaient parcourue les 6 et 7 septembre 1793 en marchant à l'ennemi. Les propos de l'historien et mon adresse à la troupe faisant allusion aux soldats de l'AN II vivifièrent les esprits. A l'issue du rassemblement, une longue colonne se dessinait descendant les rues pavées de Cassel vers Wormhout. Arrivé de Paris, le chef de corps nous faisait l'honneur de sa présence pour cette marche historique. A bonne allure, nous traversions Wormhout puis Wylder en direction de Hondschoote. Les soldats découvraient le plat pays cheminant entre les cultures de maïs, betteraves et pommes de terre. La population nous était très favorable bien que surprise par ce déploiement de force inhabituel.

Reconnaissable à son beffroi et au moulin « de la victoire », le village d'Hondschoote commençait à se dessiner dans le paysage. La colonne disciplinée franchissait les limites communales et se dirigeait vers l'église. Le bruit des cloches annonçant les 18 heures résonnait dans les rues adjacentes comme pour célébrer notre arrivée. Sur le parvis de l'église se trouvaient au même moment des figurants de l'armée française de 1793. Mes soldats croyaient que j'avais été jusqu'à prévoir l'arrivée au changement d'heure et l'accueil par des figurants en costume d'époque ! Nous fûmes accueillis par le maire qui nous invita à visiter la salle d'honneur de la maire ouverte pour les journées du patrimoine. Un splendide tableau de la bataille de Hondschoote offert à la ville par le député Lamartine ornait la pièce. La marche achevée nous rentrions à La Malassise. Le lendemain fut consacré à la visite du musée de La Coupole, bunker de la seconde guerre mondiale qui devait permettre le lancement des fusées V2 sur l'Angleterre. Cette activité était à peine achevée, que débutait la préparation de l'exercice Vézinet prévu fin octobre.

Les vacances de Toussaint s'annonçaient particulièrement denses avec la juxtaposition de nombreuses activités. La 1ère compagnie armait l'encadrement du stage CAME à Montlhéry soit quinze cadres et huit stagiaires, s'ajoutait un stage pour moniteurs et tireurs MAG58 (armement collectif) d'une quinzaine de personnels à la Courtine et l'exercice Vézinet organisé par la 2ème Brigade Blindée avec trente personnels sur les rangs.

Initialement, la 1ère compagnie devait renforcer la seconde compagnie sur l'exercice Vulcain mobilisant 300 réservistes dans l'Allier. Ce dernier exercice mettait en scène plusieurs crises dont une attaque terroriste et la gestion d'une catastrophe naturelle. Début septembre, la compagnie avait réussi à mobiliser une section complète pour y participer aux ordres du lieutenant Valentin. Quinze jours plus tard, le chef du bureau opérations instruction évoqua un nouvel exercice à armer sur la même période avec le volume d'une section. La mission était de simuler la force adverse (forad) sur l'exercice Vézinet, un exercice de combat de haute intensité, conduit par l'état-major de la 2ème Brigade Blindée. Ma section étant organique, je proposais naturellement qu'elle y participe. Mon adjoint Cédric et moi-même compléterions l'effectif.

Le chef de section et moi-même participions fin septembre à deux journées de préparation en amont de l'exercice. L'objectif était de préparer le séquencement et de reconnaître les lieux avec la direction de l'exercice sur l'ensemble du département du Loir et Cher (41). La semaine suivante j'affinais la préparation et les commandes, tout en anticipant la préparation métier mensuelle avec une dominante NRBC et en assurant la coordination pour la préparation du stage CAME aux ordres du lieutenant Théophile.

Je savais que Vézinet était le dernier exercice que je vivrais avec la compagnie. Des cadres expérimentés armaient la section du lieutenant Valentin. Les sergents Quentin, Nicolas, Etienne et Raphaël étaient présents. Ce dernier, seul tireur qualifié MAG 58, avait la responsabilité de l'armement collectif. Le reste de la troupe était essentiellement constitué des soldats peu aguerris de la FMIR de juillet. Rassemblés au petit matin du 28 octobre, nous gagnons Orléans pour le déjeuner. Petite nostalgie pour ceux qui m'avaient accompagné sur la mission SENTINELLE T48. L'après-midi était consacré au recomplètement en carburant et à l'approvisionnement en rations et munitions. Nous avions prévu des tenues couleur sable pour nous différencier par notre treillis des forces amies. Un mot de bienvenue fut adressé à toutes les unités présentes composées quasi exclusivement de réservistes de la 2ème Brigade Blindée avant de prendre le départ en rames vers nos positions respectives. Le lendemain, nous commencions l'exercice avec deux actions simultanées. La première était une embuscade que nous avions préparée dans une ferme abandonnée. Un peloton de reconnaissance et d'intervention (PRI) en patrouille dans le secteur avec deux véhicules blindés légers avait décelé nos véhicules stationnés à quelques centaines de mètres de la ferme. Ayant détruit nos véhicules, les deux équipages s'arrêtèrent à la ferme pour réaliser leurs comptes-rendus. Mes hommes installés depuis près de deux heures attendirent le moment opportun pour détruire les deux équipages. Etonnemment, notre adversaire ne s'était pas inquiété de ne pas trouver de présence humaine à proximité des véhicules. Avant la tombée de la nuit, une seconde action de feu, de type embuscade, se déroula dans la forêt de Freteval. Le lendemain, nous menions essentiellement des actions de harcèlement sur l'ensemble du fuseau. Des tirs sporadiques pour animer notre ennemi. Parallèlement, le lieutenant Valentin et le sergent Quentin, habillés en miliciens mais non armés, distribuaient des tracts appelant à un manifestation le jour suivant. Ils réussirent si bien qu'ils étaient parvenus à s'introduire dans le poste de commandement adverse pour y accoler et remettre leurs tracts. Le mardi 31 octobre dans la matinée, je partais reconnaître le site du combat final avec le capitaine Pierre-Loup (détaché de liaison et d'appui à l'engagement - DLAE[14]) et un représentant de l'office national des forêts (ONF) sur la commune de Montrichard. Je trouvai une maison forestière isolée et non entretenue qui convenait parfaitement. Au même moment, mon adjoint Cédric et le lieutenant Valentin bloquaient le convoi logistique de la 2ème brigade blindée en participant avec toute la section à la manifestation annoncée. Chants, mouvements de flux et de reflux, mise sous tension permettait de théâtraliser et d'animer la force. L'un de nos soldats a réussi l'exploit d'attraper un commandant d'unité adverse et le relâcha contre... six rations ! L'anecdote me fut rapportée le soir même par la direction de l'exercice. L'après-midi, nous devions attaquer l'aérodrome de Blois. Le lieutenant Valentin avait préparé ses ordres avec un appui dans un bosquet face à l'aérodrome et une infiltration pour mener l'assaut. Rien ne se passa comme prévu. Notre appui fut décimé très rapidement, l'équipe qui avait initié l'infiltration ne pouvait que ramper pour rester hors de vue des sentinelles de la 2ème Brigade Blindée. Le commandant d'unité adverse avait verrouillé tous les villages menant à l'aérodrome. Dès que nous tentions une approche, nos véhicules étaient pris sous le feu et nous devions rebrousser chemin. Sous un ciel pluvieux, le moral était en berne car nous anticipions une attaque sacrificielle sur un village voisin sans pouvoir atteindre l'aérodrome. Alors que nous avions stationné nos véhicules derrière les conifères d'un silo à

---

[14] DLAE : le détachement de liaison et d'appui à l'engagement était une cellule assurant la coordination entre le délégué militaire départemental d'un département n'ayant pas d'unité militaire implantée sur son territoire et une unité dans un département limitrophe.

céréales, une idée illumina mon esprit. Je voyais un poids lourd, je me dirigeai vers le conducteur en lui demandant si sa remorque était vide. Il acquiesça. Il avait la dizaine de minutes qu'il nous fallait. Je fis signe aux deux groupes présents. Nous montions dans la remorque remplis d'excitation. Nous passions sans difficulté les checkpoints. Le conducteur aidé par l'un de nos soldats s'arrêta sur la départementale longeant l'aérodrome et nous déposa devant un bosquet. Nous descendions en nous préparant à l'assaut. Lorsque l'assaut fut donné, notre adversaire était incapable de réagir. Il avait tellement verrouillé son dispositif qu'il ne craignait pas une attaque directe sur l'aérodrome. La technique du cheval de Troie fut une prouesse.

Le lendemain, jour de la Toussaint, nous avions une mission de défense ferme dans une zone urbaine à proximité de Blois. Le lieutenant Valentin disposait de son drone pour observer tout mouvement. Le combat fut intense durant près de deux heures. Combat stoppé par les contrôleurs qui accompagnent la manœuvre pour permettre le déroulement de l'exercice dans les délais convenus. Chaque soir, nous avions la chance de dormir dans des salles des fêtes prêtées par les communes. Ce fut un confort très appréciable alors que nous avions anticipé nos bâches pour dormir sur le terrain. Les efforts du DLAE pour les perceptions et réintégration des sites étaient considérables. Le dernier jour de l'exercice, nous nous installions dans la maison forestière de l'ONF préalablement reconnue. Le sergent Etienne piégeait les différents accès alors qu'une grande partie des soldats présents évacuait de la paille restée dans les combles pour prévenir tout incendie accidentel. Nous étions une vingtaine dans la maison et une dizaine sur les abords. Des personnels étaient dans toutes les pièces, les tables servaient de barricades, certains étaient dissimulés dans les placards. Lors de l'assaut, nous avions lancé près de 130 grenades d'exercice et tiré les dernières cartouches de notre dotation de 10000 cartouches de 5,56 mm.

Certes, en jouant la force ennemie sur l'exercice, notre objectif premier était d'animer nos camarades de la 2ème Brigade Blindée ; mais nous avions pu efficacement revoir les fondamentaux du combat, de procédés tels que l'embuscade et les cadres d'ordre. La cohésion au niveau de la section en avait été renforcée.

A peine rentrés, nous entamions le nettoyage de l'armement et les réintégrations. Parallèlement, le stage CAME revenait sur garnison et la commission de fin de stage se réunissait. Le lieutenant Théophile avait parfaitement mené sa mission d'encadrement du stage. La cohésion sur le stage fut excellente. Le lendemain, une dernière activité commençait pour les jeunes sergents mobilisés sur l'ensemble du week-end pour valider leur initiatorat en tir. La période des vacances de Toussaint fut particulièrement chargée et déjà se profilait le mandat SENTINELLE de l'hiver armé par une section du régiment. Ma compagnie était moins exposée puisque n'étant pas leader, je fournissais des renforts à hauteur d'un demi-groupe en décembre et d'un groupe en janvier.

Déjà se profilait ma passation de commandement en janvier 2024 avec son lot de préparatifs. Depuis, plusieurs mois je m'activais pour préparer au mieux la cérémonie. Le lieu était une évidence ; ce serait Valmy. Cette victoire visible dans tous les livres d'histoire est symbolique ; elle fonde la première République, elle reflète une armée de soldat-citoyens, la première victoire sur le drapeau du $24^{\text{ème}}$ Régiment d'Infanterie. Mon choix avait été validé par le chef de corps bien que la logistique fût plus complexe. Je réalisais une première reconnaissance sur place avec la chef Ophélie pour valider avec le maire et le délégué militaire départemental l'organisation. Dominant le village de Valmy, la place choisie pour la cérémonie était face à la statue du Général Kellermann que l'on imagine haranguant ses soldats aux cris de « Vive la Nation ! ». Le défilé suivant la cérémonie nous conduirait au moulin. Voir ma compagnie défiler à Valmy serait un immense honneur et l'enthousiasme de mes soldats était sincère.

V. CONSTRUIRE LE SOCLE D'UNE ARMEE DE CITOYENS SOLDATS

A. Le défi de la massification

La résurgence de l'hypothèse d'un engagement majeur en Europe a repositionné les réserves en première ligne.

Depuis la fin de la guerre froide, les armées occidentales ont vécu de profondes mutations avec leur professionnalisation et la suspension de la conscription. Les effectifs se sont réduits comme peau de chagrin avec des formats s'apparentant à des corps expéditionnaires permettant de remplir avec succès des missions humanitaires ou de projection en temps de paix. L'effort avait été mis sur l'instruction des personnels et leurs conditions de vie afin d'accroître leur technicité et leur fidélisation. Une armée de professionnels répondait parfaitement aux attentes de l'après-guerre froide mais n'est pas en mesure, avec des effectifs réduits, de défendre le territoire national efficacement si une menace majeure se présentait. L'atout des réserves est que le vivier potentiel de réservistes est immense. Tous les hommes et femmes de 20 à 60 ans aptes physiquement sont en capacité d'être formés et de défendre le pays.

Le modèle des réserves est en constante évolution depuis les débuts de la professionnalisation des armées et la loi 99-894 du 22 octobre 1999 portant organisation de la réserve militaire et du service de défense. Le modèle actuel dit de réserve d'emploi par opposition à une réserve de masse s'est construit par itération en fonction des besoins des armées et des capacités budgétaires de la nation. Les objectifs successifs des lois de programmation militaires (LPM) furent de 50 000 réservistes de 1997 à 2008 réduits à 40000 pour la LPM suivante. L'objectif ne fut pas atteint puisque les armées comptaient seulement près de 28 000 réservistes à fin 2014 et fut reconduit dans les LPM 2015-2019 et 2020-2025.

Les réservistes servent ainsi soit à titre de complément individuel (CI) soit en unité de combat au sein des unités d'intervention de réserve (UIR) ou des unités spécialisées de réserve (USR) si ces dernières disposent de matériels spécifiques (armes du Train et du Génie essentiellement). Les UIR et USR sont des compagnies de réserve intégrées dans un régiment d'active. La seule exception est le 24ème RI créé en 2013 qui est, aujourd'hui, composé de quatre UIR de réserve et est armé par un état-major composé essentiellement de réservistes faisant de cette unité un véritable prototype.

La montée en puissance des réserves fut réaffirmée par le Président François Hollande à la suite des attentats de Nice dans son discours du 15 juillet 2016 leur donnant une nouvelle impulsion. L'augmentation des effectifs à hauteur de 24 000 hommes pour l'armée de terre a été correctement planifiée et réalisée dès 2019. Cette hausse significative n'était pas si aisée car elle supposait des efforts dans le recrutement, la formation, l'infrastructure et les matériels. De plus, si l'on convient que les objectifs étaient clairement atteints et que l'effort de recrutement et de formation avait été massif, le chiffre final est à nuancer. En effet, l'effectif de la réserve peut apparaître légèrement gonflé en ne supprimant pas les personnels qui ne participent pas aux activités malgré les convocations (« les fantômes ») ou en comptabilisant rapidement des personnels ayant signé des engagements à servir dans la réserve (ESR) mais inemployables puisque leur formation initiale ne leur avait pas encore été délivrée. Des efforts significatifs sont en cours pour sincériser en continu les effectifs car l'objectif est d'avoir une vision fidèle du volume opérationnel de personnels pouvant être engagés sous court préavis.

L'effort de montée en puissance des réserves s'est poursuivi avec les annonces du Président Emmanuel Macron à l'automne 2022 visant à atteindre 100 000 réservistes dans les armées dont 48 000 pour l'armée de Terre d'ici 2030. L'objectif du ministre des armées, Sébastien Lecornu, est d'atteindre le ratio d'un militaire de réserve pour deux militaires d'active. La cible est ambitieuse mais réaliste et atteignable. Trois voies se présentent pour l'atteindre. La première serait d'augmenter le nombre de compagnies de réserve dans les régiments existants. L'avantage serait de les adosser à des régiments d'active disposant déjà d'infrastructures, de matériel, de formateurs et ayant une expérience des circuits réserve. Par contre, ces régiments sont bien souvent éloignés des bassins de population, ce qui est problématique pour le réserviste qui est habituellement convoqué sur des périodes courtes mais régulières à concilier avec son environnement quotidien.

La seconde serait de dupliquer le modèle du 24ème Régiment d'Infanterie en créant des régiments composés essentiellement de réservistes dans les grosses agglomérations qui concentrent le vivier de potentiels réservistes. Cette voie a l'avantage d'être proche d'aires de recrutement et d'accroître la visibilité de l'armée de terre et son rayonnement. Le coût serait relativement modéré. En effet, le besoin en infrastructures est limité, à titre illustratif, 80% des découchés se font sous bâche avec un duvet à la belle étoile et pour les 20 % restants dans un local de type gymnase sur lit picot. Idem pour l'investissement en matériel qui est à relativiser. Nos besoins sont relativement restreints et peu coûteux, d'autant plus qu'il s'agit souvent de matériel déjà utilisé et d'ancienne génération. Le principal obstacle est la constitution d'un vivier de cadres investis pour faire fonctionner ces unités de réserve. Un noyau d'active n'est pas suffisant et ne pourra pleinement comprendre les impératifs des réservistes sauf à avoir eu une expérience dans le privé. De plus, la majorité des activités se déroulent le week-end et les personnels d'active sont rarement présents le week-end (sauf si cela fait partie du contrat moral passé lorsqu'ils rejoignent l'un de ces régiments de nouveau type). Enfin, si ces nouvelles structures voient le jour, elles auront des difficultés à attirer des cadres de réserve ou anciens personnels d'active dans un contexte de pénurie nationale alors que les régiments puisent déjà dans leurs propres ressources de partants pour intégrer la réserve.

A cela s'ajoute le fait que sur certains domaines, il existe une réelle technicité qui nécessite pour des personnels de réserve de se former, d'acquérir une légitimité et de tisser des liens pour avoir accès à l'information. Ainsi, disposer d'un responsable ressources humaines, d'un officier budget, d'un officier supérieur adjoint, d'un chef de cellule secourisme, d'un chef bureau maintenance logistique ou d'un chef bureau opérations instruction requiert l'acquisition de compétences spécifiques. De plus, les centres urbains sont bien souvent éloignés et non dotés de terrains de manœuvre ou de stands de tir. Cette seconde option est tout à fait concevable mais exige du temps. Avec l'expérience du 24ème RI, on peut légitimement penser qu'une dizaine d'années est nécessaire à la structuration d'un régiment et qu'à ce stade subsistent encore des axes d'amélioration pour que le fonctionnement soit fluide et ne repose pas sur quelques individualités qui sont les véritables hommes clés du régiment.

Enfin, la dernière voie est de s'appuyer et de comptabiliser la réserve opérationnelle de second niveau. Celle-ci intègre de façon automatique les personnels ayant quitté le service actif pendant une période de disponibilité de cinq années (article L 4211-1 du code de la défense). Cette voie est envisageable à condition d'avoir la capacité de suivre ces personnels après leur départ de l'active et de pouvoir les rappeler pour des exercices voire pour leur dispenser des instructions. Des exercices de type Vortex ont été initiés et leur fréquence a été accrue dans ce but. Le résultat est en demi-teinte pour ces premiers exercices avec des difficultés récurrentes à contacter les personnels après leur départ et une durée du rappel essentiellement dévolue aux tâches administratives (paquetage, visite médicale…). Cette prise de conscience des obstacles existant et les retours d'expériences devraient contribuer à améliorer ces résultats.

Une combinaison des deux premières solutions à savoir un accroissement des compagnies de réserve adossées à des régiment d'active et une multiplication progressive à quatre régiments par exemple de type 24ème RI permettrait d'insuffler une dynamique et de remailler le territoire. Parallèlement, les exercices de mobilisation de la réserve de disponibilité (RO2) devraient s'intensifier pour tester et s'assurer de la capacité de mobilisation des anciens personnels d'active.

Enfin, lors de son audition à l'Assemblée nationale le 20 juillet 2022, le Chef d'Etat-Major de l'Armée de Terre, le Général d'Armée Pierre Schill, a proposé une alternative. Recruter 10 000 jeunes par an dans le cadre d'un service de six mois encadrés par près de 2000 personnels d'active qui augmenteraient les effectifs de la réserve. Cette mesure aurait un coût à budgéter mais permettrait d'avoir un socle qui s'implanterait dans de nouveaux territoires et d'engager la jeunesse au profit de son pays.

L'équation pour doubler le nombre de réservistes n'est pas aisée à résoudre car les ressources humaines et budgétaires sont limitées et doivent être justifiées.

B. La transformation de la guerre Les nouveaux terrains de conflictualité

<u>La dimension cyber est devenue une priorité stratégique</u>

La numérisation de la société française s'accélère, la place acquise par l'internet et le digital est fondamentale. L'ère de la société interconnectée rend notre économie de plus en plus performante avec des gains de productivité incontestables mais également de plus en plus vulnérable et interdépendante. Actuellement, la croissance est portée par l'accès et la transmission de l'information ainsi que par la collecte et le traitement des données. Demain, l'innovation sera encouragée par le numérique, la blockchain, l'intelligence artificielle et l'internet des objets (IOT). En conséquence, la menace numérique est de plus en plus présente et significative mais représente également une opportunité à saisir.

Dorénavant, le cyberespace est assimilé à un milieu d'opérations à part entière. La cyberattaque majeure subie par l'Estonie en 2007 fut un électrochoc. Les agressions furent ciblées sur les administrations, établissements bancaires et média. L'Alliance Atlantique a pris soudainement conscience de l'étendue de la menace cyber et de ses vulnérabilités. Dès l'année suivante, le centre d'excellence de cyberdéfense coopérative de l'OTAN est créé à Tallinn afin d'améliorer la recherche et le partage d'informations. Un pas supplémentaire a été franchi en 2014 en déclarant que la cyberdéfense est partie intégrante de la défense collective ; l'article 5 pourrait donc être invoqué si leur ampleur et leur gravité permet de les qualifier d'agression armée. L'article 5 précise qu'une attaque armée contre l'un des membres de l'alliance sera considérée comme une attaque contre l'ensemble de ses membres. Puis en 2016, les membres de l'Alliance Atlantique ont reconnu le cyberespace comme domaine opérationnel militaire et ont annoncé faire du renforcement de leurs capacités dans ce domaine une priorité. Des exercices dédiés comme celui de 2018 Cyber Coalition ont pour but de tester les capacités cyber des membres de l'alliance et coordonner la défense. Une nouvelle politique de cyberdéfense globale adoptée en 2021 au sommet de Bruxelles réaffirme la volonté de l'OTAN d'avoir une position de défense et de dissuasion dans le cyberespace.

Face à l'émergence de ce nouveau champ de conflictualité, la France s'est inscrite dans le sillage de l'OTAN et a identifié dès 2008 le cyberespace comme « *un nouveau champ d'action dans lequel se déroulent déjà des opérations militaires* » dans le Livre blanc de la défense et de la sécurité nationale. En mai 2017 est créé le commandement de la cyberdéfense (COMCYBER), le bras armé de la défense cyber en France. Commandement opérationnel, il a pour mission de mener des opérations de cyberdéfense, de définir la stratégie de cyberdéfense et de participer au développement capacitaire. En octobre 2017, la revue stratégique de défense et de sécurité nationale intègre le renforcement des menaces dans le cyberespace. La France a retenu une approche globale reposant sur la sécurité du numérique dans sa stratégie de sécurité numérique de 2015 et se caractérise par la séparation des missions offensives et défensives.

La lutte informatique défensive (LID) vise à « *anticiper, détecter et réagir face aux risques, aux menaces et aux cyberattaques dont les systèmes d'information font l'objet* ». La posture offensive (lutte informatique offensive - LIO) vise à produire des effets sur le système adverse en altérant sa disponibilité ou la confidentialité de ses données. Elle a été réaffirmée par la ministre des armées Florence Parly, le 18 janvier 2019 : « *la France emploie et emploiera l'arme cyber dans ses opérations militaires* ». La lutte informatique offensive utilisée comme capacité d'appui ou de neutralisation offre de nouvelles possibilités pour prendre l'ascendant sur l'ennemi. La lutte offensive permet de frapper en tout temps et en tout lieu en bénéficiant du masque de l'anonymat. L'existence d'une posture offensive permet de décourager une action hostile et peut appuyer une stratégie élargie de la dissuasion.

Cette défense active est complétée par la lutte informatique d'influence (L2I) qui vise à détecter et contrer les attaques informationnelles dans le cyberespace. Les manœuvres de déception et de désinformation ont un impact démultiplié dans le cyberespace. L'information se propage à la vitesse de la lumière et touche directement ou indirectement des milliers voire millions de personnes dans des temps relativement courts rendant toute manœuvre défensive complexe. La propagation de fausses informations est ainsi une opération de déstabilisation courante pour porter le discrédit sur la force. Contrer une attaque informationnelle relève de l'exploit, c'est pourtant ce que firent les forces françaises après leur désengagement du camp de Gossi au Mali en surprenant par drone l'arrivée des nouveaux occupants du camp, les mercenaires russes du groupe Wagner enterrant des cadavres, laissant croire à l'existence de charniers en avril 2022.

Le corpus doctrinal français s'étoffe en 2018 avec la revue stratégique de cyberdéfense qui fait un état des lieux détaillé de la situation avec des propositions pour garantir la souveraineté numérique de la France.

Parallèlement, la loi de programmation militaire 2019-2025 qui a acté l'augmentation significative des moyens financiers et humains à hauteur de 1,6 milliard d'euros et le recrutement de 1600 cyber-combattants supplémentaires. En 2021, les effectifs du COMCYBER atteignaient déjà 3600 personnels en 2020 dont 270 réservistes.

Dans un contexte de numérisation de l'espace de bataille (NEB) et de déploiement du programme SCORPION (synergie du contact renforcée par la polyvalence et l'info-valorisation), la sécurisation des données et des communications est primordiale. La supériorité opérationnelle de ces systèmes peut devenir une vulnérabilité critique en cas d'intrusion, de corruption ou de vol de données.

Sous-estimée dans le monde civil, la sécurité des systèmes d'information est un point de vulnérabilité majeur à l'ère du digital. Les média, les banques, les transports, les usines de production et l'ensemble des services ou de l'industrie peuvent être paralysés voire subir des dommages irréparables à la suite d'une attaque informatique. Le monde civil est en première ligne face à la menace cyber et demeure particulièrement vulnérable car insuffisamment préparé, sensibilisé et protégé.

Plus de 90% des attaques seraient orchestrées par des organisations criminelles bien souvent sponsorisées par des états. La Chine, l'Iran, la Russie et la Corée du Nord sont souvent cités parmi les états ayant des liens avec ces hackers. Ces groupes se développent avec *a minima* la tolérance des autorités étatiques et une immunité juridique puisqu'aucun de ces pays n'a signé la convention de Budapest sur la cybercriminalité abordant les crimes numériques. De mieux en mieux organisés, les groupes criminels n'hésitent plus à s'afficher et visent indifféremment administrations, entreprises privées ou individus. Les hôpitaux, usines de production, voire l'éducation nationale sont ciblés comme en témoignent les attaques récentes sur les centres hospitaliers de Corbeil-Essonnes et Versailles ou d'infrastructures industrielles pénalisant la production. Les organisations criminelles infiltrent les réseaux, cryptent les données et proposent de les restituer moyennant une contrepartie monétaire significative. Le coût moyen d'une cyber extorsion pour une PME avoisine le million d'euros et fait courir un risque de faillite. La cible est recherchée en tenant compte de sa capacité à payer et de sa vulnérabilité. Motivés par des fins d'enrichissement personnel, ces groupes agissent sous la tutelle de quelques états qui désignent les cibles ; les organisations criminelles deviennent les nouveaux corsaires du XXIe siècle.

L'attribution de l'agression devient complexe dès lors que l'attaque est l'œuvre d'acteurs privés encouragés ou non par une puissance étatique. Face à la recrudescence d'attaques informatiques, l'Agence Nationale de la Sécurité des Systèmes d'Information (ANSSI), rattachée au secrétariat général de la défense et de la sécurité nationale (SGDSN) a été créée en 2009. L'ANSSI a notamment des missions de veille, de détection, d'alerte et de réaction face aux attaques informatiques. Elle participe également à la protection des systèmes d'informations des organismes d'intérêt vital (OIV). L'expertise de l'ANSSI est reconnue et a été démontrée lors de l'attaque de la chaîne d'information TV5 Monde en avril 2015. Parallèlement, la direction générale de sécurité intérieure (DGSI) organise régulièrement des séminaires de sensibilisation à destination des entreprises sur la protection du patrimoine économique de la France. Les anecdotes illustrent nos comportements quotidiens et les failles essentiellement humaines de la protection des systèmes d'information.

La guerre cyber peut infliger des dommages conséquents à l'adversaire sur ses infrastructures militaires et civiles.

L'espace, nouvelle frontière de la confrontation militaire

L'espace est devenu une nouvelle dimension de la confrontation militaire. Près de 2000 satellites opérationnels gravitent autour de la Terre. Parmi ces satellites, un tiers est dédié à l'observation de la Terre (climat et météorologie), un tiers pour les services de communication et le reliquat est à but technologique, de géolocalisation ou utilisé dans le domaine de la défense.

Les satellites offrent un avantage considérable à leur détenteur. Preuve d'une supériorité technologique, ils fournissent une autonomie cruciale sur l'acquisition d'informations, les communications et la géolocalisation. Outil de renseignement par excellence, les satellites offrent des informations en temps réel et d'une grande précision sur la topographie ou tout élément observable sur la surface terrestre. La permanence de la surveillance permet également d'analyser les évolutions et mouvements et donc de déceler les intentions de l'ennemi. Ces capacités de renseignement sont extrêmement précises, factuelles et non détectables par l'adversaire. L'espace devient une zone de convoitise. En outre, la numérisation de l'espace de bataille permet d'interconnecter différents systèmes d'armes (artillerie, aviation, fantassin) grâce aux données satellitaires.

Depuis le lancement du premier satellite soviétique « Spoutnik » en 1957, l'espace est devenu un milieu de confrontation entre grandes puissances. Un espace de compétition où se succèdent les prouesses techniques et scientifiques. Le milieu extra-atmosphérique offre des possibilités d'expansion et de démultiplication des moyens avec des technologies duales à l'instar du service d'accès à internet Starlink développé par la société d'Elon Musk, SpaceX, qui a joué un rôle crucial dans la guerre en Ukraine, permettant de maintenir les communications malgré la neutralisation des systèmes de télécommunication terrestre.

De fait, la possibilité de conflits extra-atmosphériques s'accroît. Pour prévenir ces velléités, le traité de l'espace ratifié en 1967 interdit en son quatrième article la mise en place d'armes nucléaires ou de toute autre forme d'arme de destruction massive sur l'orbite de la Terre. Le traité ne se prononce toutefois pas sur les armes conventionnelles ou toute arme par destination ; tout objet pouvant manœuvrer dans l'espace pour détruire un satellite par la force cinétique.

Force est de constater que derrière les intentions affichées, la militarisation de l'espace est enclenchée depuis de nombreuses années. Dès mars 1983, le président des Etats-Unis annonçait sa volonté de créer un bouclier spatial dans le cadre de son initiative de défense stratégique pour protéger le territoire des Etats-Unis de tout missile nucléaire balistique. Le projet n'a pas abouti. Par contre, les capacités indépendantes d'observation et de navigation satellitaires en appui des forces militaires sur le terrain sont devenues la norme. Les américains ont ainsi développé le GPS, les européens le système Galileo, les russes GLONASS et les chinois Beidou-Compass. Certains états sont également dotés de satellites « d'alerte avancée » pour détecter tout départ de missile balistique.

L'arsenalisation de l'espace comprise comme le placement en orbite d'armes n'est pas d'actualité mais le développement de moyens de défense visant à détruire des satellites a connu un essor significatif ces dernières années. En premier lieu, les satellites de reconnaissance dits « espions » pour capter de l'information, intercepter des communications voire tester des systèmes de brouillage se sont multipliés. La France a été directement menacée par une tentative d'espionnage dénoncée par la ministre des armées Florence Parly. Le satellite russe Loutch-Olymp doté de cônes d'émissions s'était approché à faible distance du satellite franco-italien AthénaFidus en 2017 vraisemblablement pour capter des communications. La menace est donc réelle. Pour se prémunir, la France a lancé le projet intitulé « Yoda », un patrouilleur doté de nanosatellites destinés à protéger nos satellites. Une seconde menace pourrait provenir des satellites « tueurs » ou « kamikazes » ; des satellites antisatellites dont l'existence n'est pas officialisée. Le satellite russe cosmos 2499 lancé en 2014 pourrait s'y apparenter. Actuellement, le missile antisatellite (ASAT) est la menace la plus tangible. Les Etats-Unis, la Russie, la Chine et l'inde ont démontré avec succès leurs capacités de destruction avec des ASAT. Face au risque d'escalade, les Etats-Unis ont défendu une résolution de l'ONU en novembre 2022 demandant l'interdiction des essais de missiles antisatellites destructeurs. La multiplication des essais entraîne un risque pour les satellites actuels. En effet, la destruction d'un objet dans l'espace le fragmente en millions de débris, parfois de quelques millimètres qui projetés à une vitesse de plusieurs milliers de km/heure est un danger futur pour les autres satellites, la station spatiale internationale ou tout déplacement extra-atmosphérique. A titre d'exemple, la Chine a procédé en 2007 à la destruction de ses vieux satellites météorologiques par un tir de missile générant des milliers de débris. A cela s'ajoutent les projets de « laser défensif » avec des capacités de neutralisation par éblouissement, ainsi que les projets de brouillage par ondes électromagnétiques ou de cyber-piratage voire de capture de satellites adverses.

Si dans la tactique militaire, celui qui tient les hauts domine les bas, aujourd'hui celui qui est maître de l'espace domine le champ de bataille. Preuve de l'importance prise par le milieu extra-atmosphérique, le commandement de l'espace a été créé en 2019 pour disposer d'une défense spatiale renforcée.

<u>Repenser le char à l'ère de l'avènement des armes téléguidées</u>

Le conflit symétrique est défini comme l'affrontement de deux puissances conventionnelles visant la victoire militaire. Les armes de mêlée, cavalerie et infanterie, sont en première ligne pour obtenir la décision par la manœuvre et le feu. Dans cette dynamique, le char d'assaut est l'arme par excellence qui confère la supériorité sur le champ de bataille.

Le char était dans cette typologie de conflit considéré comme le fer de lance d'une armée moderne. Aptes à déceler les intentions ennemies avec ses éléments de reconnaissance, les blindés permettent de reprendre l'initiative par le feu et le choc. L'arme de la cavalerie conjugue mobilité et puissance de feu avec des qualités offensives et défensives indéniables. En combinaison avec l'infanterie et appuyée par des éléments de l'artillerie et du génie, la cavalerie blindée peut créer la surprise et réaliser des percées à l'image des généraux Patton et Rommel dont la maîtrise de cette arme et l'audace ont contribué à leur renommée. La possession du char était un avantage certain dans les conflits conventionnels de haute intensité, l'approche quantitative en unité de chars prévalait dans l'appréciation du rapport de force entre les deux blocs durant la guerre froide. A tel point, que Joseph Staline face à une question posée sur la puissance de la religion, répondit par une boutade : « *Le Pape, combien de divisions ?* ». Le volume de matériels soviétiques durant la guerre froide était contrebalancé par l'avancée technologique de l'Occident sur ces matériels. Par ailleurs, le char d'assaut est un outil qui peut être décisif en phase de stabilisation. Dès lors qu'il faut instaurer les conditions de la paix après une intervention, le char offre une posture dissuasive de premier plan face à des rebelles armés.

Aujourd'hui, le char d'assaut reste dans la doctrine et dans les programmes d'armement une pièce maîtresse. S'intégrant dans la manœuvre interarmes, il fait l'objet d'une importante modernisation dans le cadre de l'espace numérisé de bataille qui le positionne comme un acteur clé interconnecté avec le fantassin et l'artillerie, à l'instar du Leclerc rénové dans le cadre du programme SCORPION. A l'horizon 2040, le projet franco-allemand *Main Ground Combat System* a pour vocation de remplacer le Léopard 2 allemand et le Leclerc français.

Toutefois, le conflit ukrainien a démontré que, face à une résistance nationale organisée, les blindés sont particulièrement vulnérables. Dès lors que les blindés sont canalisés en milieu urbain ou sur des itinéraires, ils deviennent statiques et sont des cibles de choix pour les armes anti-char et les drones. Le rapport avantage /coût du char évolue défavorablement. Le coût unitaire d'un char est estimé entre trois et dix millions de dollars selon le modèle du char et la technologie embarquée. La vulnérabilité des matériels oblige à de nouvelles réflexions à la fois sur la technologie employée et sur l'emploi futur des blindés dans la doctrine.

Le conflit ukrainien a consacré la prééminence prise par le drone et le missile dans un conflit moderne et symétrique. Le premier a pleinement révélé son potentiel militaire. Furtif, il est un appui précieux dans l'acquisition de renseignements sur l'ennemi notamment en appui de l'artillerie. Emportant une charge explosive, il peut s'avérer être une arme destructrice et peu onéreuse en attaquant des cibles prédéfinies à l'instar des célèbres Bayraktar TB2 ou en s'écrasant sur la cible pour les drones kamikazes. Les drones en volant à basse altitude peuvent déjouer certaines défenses anti-aériennes et infliger des dégâts significatifs. D'un coût relativement réduit par rapport aux missiles et à l'aviation, de 3000 à 100000 euros l'unité sur étagère, les drones ont la capacité de démoraliser l'adversaire et de créer un climat d'insécurité voire de terreur. Parallèlement, dotés de capteurs vidéo de haute résolution permettant de filmer les dégâts infligés, les drones sont un puissant vecteur dans la guerre informationnelle.

Quant au second, le missile occupait déjà une place primordiale notamment pour les puissances nucléaires dont la crédibilité de la riposte dépend essentiellement de ses vecteurs stratégiques, au premier rang desquels se trouve le missile balistique. De par sa portée et sa puissance destructrice, il a la capacité d'infliger des dommages significatifs sur des infrastructures civiles, militaires, politiques, industrielles à des milliers de kilomètres du front. Difficilement interceptable, le missile revêt un caractère stratégique mais demeure une arme onéreuse. Le missile s'impose également comme un élément majeur de l'architecture de défense anti-aérienne avec les missiles sol-air Crotale, Hawk, HOT, Patriot, permettant de contester la supériorité aérienne, voire de former une bulle de protection autour d'espaces stratégiques.

Parallèlement, la guerre en Ukraine a mis en lumière l'importance des missiles antichar. Le Javelin a fait des miracles dans le conflit ukrainien. Utilisé par les fantassins, facilement maniable et camouflable, il a infligé des dommages considérables aux blindés russes, stoppant leur offensive sur Kiev. Son homologue, le Stinger, missile sol-air, a lui décimé les hélicoptères et aéronefs adverses à basse altitude.

Enfin, la Russie a développé des missiles dit hypersoniques dont la vitesse est cinq fois supérieure à la vitesse du son (mach 5) permettant de déjouer les défenses anti-aériennes les plus performantes. Le missile de croisière Zircon devrait être livré dès 2023. L'hypervélocité offre un avantage certain sur le champ de bataille mais il est à relativiser à cause des coûts de développement et de la capacité de production russe, le nombre d'exemplaires devrait être limité.

Une dualité des technologies participant à l'hybridation de la guerre

Le caractère hybride de la guerre ne fait que s'accentuer avec la dualité des technologies pouvant posséder un usage civil et militaire. Les biens de consommation courante ou industriels pouvant exprimer cette dualité sont omniprésents. Des télécommunications aux engrais azotés, nombreux sont les produits dont les usages peuvent être détournés à des fins militaires renforçant la complexité à distinguer le combattant du non-combattant. Pour un coût modeste et quelques savoir-faire, tout citoyen peut *de facto* devenir un combattant efficace et participer à la résistance.

L'exemple le plus frappant est celui des drones civils ; jusque-là non utilisés par les forces conventionnelles, ils ont été massivement employés par les troupes ukrainiennes. Plus de 6000 drones civils ont été comptabilisés. Agissant comme des éléments de reconnaissance pour les tirs d'artillerie ou comme des outils offensifs pour larguer des explosifs, les drones donnent un ascendant psychologique aux Ukrainiens en relayant, par photos et vidéos, leurs victoires et en instillant la terreur chez les adversaires. Bon marché, précis et difficiles à détecter, ils sont un appui précieux pour les troupes conventionnelles. Avec quelques centaines d'euros, un drone civil modifié dispose d'une capacité de destruction pouvant occasionner des pertes de matériels de plusieurs millions d'euros. L'usage de drones civils ne va pas changer le cours de la guerre, leur capacité militaire demeure limitée mais leur impact psychologique est réel.

Les technologies civiles doivent être suivies avec grand intérêt, bien que leur robustesse peut faire défaut et qu'elles présentent des vulnérabilités critiques (absence de données cryptées) inhérentes à leur marché. A l'inverse, les programmes d'armement sont très onéreux pour des séries limitées et nécessitent de nombreuses validations à la fois sur le cahier des charges et sur le budget consenti. De fait, les programmes d'armement ont souvent un décalage temporel sur la technologie actuelle. Cela est d'autant plus vrai que le rythme de l'innovation dans le monde digital s'accélère, que l'on songe à la rapidité de développement de Google créé en septembre 1998 ou au développement du smartphone qui est entré dans chaque foyer sur la dernière décennie. Un rythme effréné qui est en contradiction avec les délais requis dans le cycle d'armement qui se comptent en décennies et qui rendent rapidement le matériel militaire obsolète.

L'arme nucléaire, une réponse du faible au fort toujours dissuasive

L'un des apprentissages de la guerre en Ukraine est que la dissuasion nucléaire joue pleinement son rôle des décennies après Hiroshima et Nagasaki, et justifie les dépenses qui lui sont affectées.

La France consacre avec raison une part importante de ses dépenses militaires à l'entretien et la modernisation de son armement nucléaire. L'effort consenti est de 25 milliards d'euros entre 2019 et 2023 tel qu'inscrit dans la loi de programmation militaire. Ce sacrifice est celui d'une nation libre prête à allouer 5 milliards d'euros sur un budget annuel de 41 milliards d'euros pour la dissuasion nucléaire. Seule la possession de l'arme atomique garantit une dissuasion efficace.

Au regard de la guerre en Ukraine, la Russie a joué avec subtilité et discernement sur un possible usage de l'arme nucléaire infléchissant les velléités des Occidentaux par des menaces à peine voilées ou mises en scène. Devant les atermoiements de la Russie et pour éviter toute escalade non maîtrisable, le choix a été fait de ne pas entrer en conflit direct. En effet, la menace nucléaire a été subtilement brandie par la Russie en précisant qu'elle en ferait usage si une menace existentielle prévalait. Une notion sur laquelle plane un flou sur ses contours lui permettant de tester l'acceptabilité ou non à fréquence régulière d'une arme nucléaire tactique. *De facto,* la possession de l'arme nucléaire lui a permis de dégarnir les forces engagées sur son territoire national pour faire effort sur le théâtre ukrainien, le territoire national étant sanctuarisé par la possession de l'arme nucléaire. Malgré les supplications des ukrainiens, la suprématie aérienne n'a pas été acquise et les troupes au sol occidentales n'ont pas été déployées. Seule concession, mais de taille, les Occidentaux ont alloué des budgets de plus en plus importants aux troupes ukrainiennes en participant notamment à leur instruction et à leur équipement en armement moderne.

L'arme atomique a une puissance inégalée dans l'imaginaire collectif. Ayant la capacité de détruire des villes de plusieurs millions d'habitants en une unique frappe, leur utilisation anéantirait des millions de vies humaines et serait sujette à des secondes frappes en représailles issues de vecteurs aériens ou sous-marins. *In fine*, le nombre d'ogives importe peu dès qu'un seuil minimal permettant de toucher une cible majeure avec certitude est franchi. *A contrario*, la qualité des vecteurs est importante car elle traduit un niveau technologique et garantit la capacité de frappe.

L'arme atomique doit être détenue pour ne pas être utilisée. Tel est le paradoxe. Elle demeure l'arme du faible au fort, l'arme des représailles et, en conséquence, l'arme qui sanctuarise la protection du territoire national. Notre doctrine doit être connue de nos adversaires pour leur indiquer la ligne rouge à ne pas franchir.

La France, de par sa position et son rayonnement, se doit de conserver l'arme nucléaire. La possession de cet arsenal a un intérêt politique certain en lui conférant une légitimité militaire de premier ordre, notamment au conseil de sécurité des Nations-Unies. En outre, l'arme nucléaire permet de sanctuariser le territoire national sans avoir à disposer d'ouvrages défensifs majeurs ou de volumes significatifs de troupes. Dès lors que la technologie est maîtrisée ainsi que les vecteurs balistiques, l'atome représente une véritable force de frappe et de dissuasion.

C. L'enjeu primordial de la conquête de l'opinion publique et des alliances

<u>La guerre est par essence politique</u>

Conquérir l'opinion publique est déterminant pour emporter la décision. La guerre est par essence un acte politique. Comme l'a si bien défini le théoricien Karl Von Clausewitz, la guerre est un acte de violence destiné à contraindre l'adversaire à exécuter notre volonté. Décryptant les batailles napoléoniennes, le brillant théoricien prussien avait eu cette formule si juste : « *la guerre est la continuation de la politique par d'autres moyens* ».

Dans nos sociétés démocratiques, la décision d'initier la guerre est généralement prise par l'exécutif puis validée par le parlement *a posteriori*. Ce cadre juridique permet d'agir rapidement sans pour autant éluder le contrôle et l'aval des élus de la nation. La constitution de la Vème République dispose en son article 35 que « *la déclaration de guerre est autorisée par le Parlement* » et que le « *gouvernement informe le Parlement de sa décision de faire intervenir les forces armées à l'étranger, au plus tard trois jours après le début de l'intervention* ». Les citoyens participent à la chose publique par l'intermédiaire de leurs représentants. Ceux-ci agissent sous un mandat électoral sanctionné à intervalles réguliers par des élections.

Force est de constater que l'opinion publique dans les sociétés démocratiques est très sensible à la puissance de l'image. Celle-ci est omniprésente, que ce soit dans les média traditionnels tels que la presse ou la télévision, mais surtout sur les réseaux sociaux qui s'érigent en nouveaux média alternatifs. La désinformation et les théories du complot y trouvent un terreau fertile et les « fake news » y prolifèrent. La manipulation de l'information participe à une vraie guerre informationnelle destinée à avoir un impact psychologique sur l'opinion publique. Les tentatives de manipulation de l'information sont pléthoriques dans les conflits armés, qu'il s'agisse de tromper l'ennemi sur nos forces, vulnérabilités et intentions, ou d'influer sur l'opinion publique. Les guerres d'Irak en avaient été une illustration avec l'exploitation d'informations fallacieuses sur la détention et le probable usage d'armes chimiques. Aujourd'hui, la célérité avec laquelle est propagée l'information décuple son impact. Les réseaux sociaux véhiculent instantanément sans filtre ni vérification de la véracité et de l'authenticité des données et des contenus qui peuvent être repris et diffusés à des millions de personnes. Le contenu étant consommé instantanément par l'utilisateur comme une denrée périssable, il est vain de vouloir rectifier les informations transmises. Cette capacité de subversion des média alternatifs est bien comprise par certaines grandes puissances qui, sous couvert de média autonome, diffusent leur propre propagande. L'agence Sputnik et la chaîne RussiaToday ont profité de la méfiance vis-à-vis des média traditionnels pour accroître leur audience et propager leur vision en Occident. Leur diffusion a été interdite par l'union européenne peu après l'invasion de l'Ukraine. Malheureusement, nous disséminons de nombreuses données, qui collectées à notre insu, peuvent permettre à nos adversaires de mieux connaître les comportements de nos citoyens et leur personnalité et donc d'user de biais cognitifs pour les manipuler. Préserver ses concitoyens de toute manipulation informationnelle est vital pour tout gouvernement engagé sur un théâtre d'opérations. La guerre se gagne également sur le plan médiatique.

La conquête de l'opinion publique nationale et internationale est décisive en temps de paix comme en temps de guerre. En temps de paix, la capacité de rayonnement et le renforcement du lien armée-nation par des interactions régulières entre militaires et civils est capitale, non seulement pour conserver une capacité de mobilisation, mais surtout pour préserver une capacité d'investissement dans notre outil de défense. En période de conflit, l'opinion publique légitime l'emploi de la force ou non. Dès que celle-ci ne soutient plus ses forces armées, le retrait de la force est inévitable. *In fine*, la victoire est obtenue sur le plan politique.

La crédibilité de la force repose sur le budget consacré aux armées

En temps de paix, le budget alloué aux armées est la pierre angulaire de notre capacité de défense. Il conditionne l'entraînement des personnels, l'attractivité du métier des armes, les capacités de projection et d'intervention, les conditions de vie et les investissements en infrastructures et matériels pour les décennies suivantes. L'adage populaire « *Si vis pacem, para bellum* », prône de montrer sa force qui doit être crédible pour ne pas avoir à s'en servir. Etre prêt en tout lieu et en tout temps a un effet dissuasif majeur, car tout ennemi rationnel ne passera à l'offensive qu'en ayant la conviction qu'il a la capacité d'emporter la décision. Dès lors, les armées doivent maintenir leurs compétences, leur parc matériel, se moderniser et être attractives pour prévenir toute menace.

Disposer d'une armée, l'entraîner, la maintenir à des standards opérationnels suffisants pour un éventuel engagement exige du temps et des crédits budgétaires. Le coût est élevé et n'est pas anodin en période de restrictions budgétaires. Pour le bien de l'humanité, je partage effectivement qu'il serait plus judicieux d'investir ces précieuses ressources dans l'éducation, la santé ou l'écologie ; mais se priver d'une armée opérationnelle, c'est accepter de perdre son autonomie et de se placer sous la dépendance de plus fort que soi ou d'être une proie. Perdre son indépendance, c'est également perdre la capacité de faire des choix, et sa liberté d'action.

La société actuelle privilégie l'immédiateté et le retour rapide sur investissement. L'agenda médiatique et politique priorise les préoccupations quotidiennes des Français sur leur sécurité, l'éducation, la santé, leur pouvoir d'achat. La défense est rarement prioritaire en l'absence de menace avérée. *De facto*, les arbitrages budgétaires de Bercy se font au détriment de la « Grande muette » même si des efforts ont été réalisés avec les lois de programmation militaires visant à sanctuariser le budget de la défense et à garantir les orientations stratégiques sur un rythme pluriannuel. Or, la défense ne doit pas être une variable d'ajustement car elle se planifie sur le temps long. L'homme politique doit agir avec discernement et être guidé par une éthique de responsabilité sur les orientations budgétaires. Investir dans la défense n'est pas une mesure populaire et ne contribue que rarement à accroître ses chances de succès aux échéances électorales suivantes mais c'est un choix responsable sur le long terme.

Pour assurer leurs engagements opérationnels au sein de l'Alliance Atlantique, les ministres de la défense des états membres s'étaient accordés en 2006 à consacrer 2% de leur Produit Intérieur Brut (PIB) aux dépenses militaires. Cet objectif a été réaffirmé par les états membres de l'alliance lors du sommet de 2014 au Pays de Galles avec un horizon à 2024. La France consacre près de 2 % de son Produit Intérieur Brut pour l'exercice 2022 avec un budget des armées s'élevant à 40,9 milliards d'euros (hors pensions) pour sa mission « Défense » qui est déclinée en quatre programmes : environnement et prospective de la politique de défense, préparation et emploi des forces, équipement des forces et soutien de la politique de défense. Ce budget qui est inscrit dans la loi de programmation militaire 2019-2025 prévoit un effort financier de 295 milliards d'euros sur une période de sept ans pour la modernisation des armées. Cette loi de programmation représente, certes, un effort substantiel par rapport aux années antérieures de réduction ou de stagnation budgétaire et permettra de respecter les engagements pris par la France vis-à-vis de l'OTAN dès 2025.

Dans un contexte de réarmement du monde, cet effort était impératif mais demeure limité. L'actualité sonne le glas des dividendes de la paix engendrés par la fin de la guerre froide. Les Etats-Unis et la Chine consacrent respectivement 3,7% et 1,7% de leur Produit Intérieur Brut pour leurs dépenses militaires. L'Allemagne et le Japon ont également réhaussé récemment leur niveau de dépenses militaires. Le Chancelier allemand a ainsi annoncé une enveloppe de 100 milliards d'euros en février 2022 pour moderniser la Bundeswehr et le Japon a amendé sa constitution et prévoit de doubler à 40 milliards d'euros ses dépenses militaires. Les Britanniques s'inscrivent également sur cette lancée avec un doublement de leurs dépenses à 100 milliards de livres d'ici 2023. Si la menace la plus précise pour les européens se situe à l'Est, la guerre en Ukraine a mis en lumière d'autres foyers de tension à l'instar de Taïwan. Le Pacifique étant un terrain de compétition majeur entre la Chine et les Etats-Unis, les deux super-puissances du XXIe siècle. Certes, le budget consacré à une armée n'est pas le reflet de sa performance sur le plan militaire mais c'est un indicateur factuel sur la capacité d'innovation et les capacités matérielles d'une armée.

Les arbitrages budgétaires peuvent cristalliser les tensions. Les armées sont en effet très sollicitées et le matériel est vieillissant. Le devoir de loyauté d'un subordonné envers son chef est d'avoir la force de caractère de lui donner un avis franc sur l'état des forces et les ressources nécessaires pour conduire les missions. C'est ainsi que le Chef d'Etat-Major de l'Armée de Terre, le Général Pierre de Villiers, avait officialisé sa démission le 19 juillet 2017 ne considérant plus être en mesure d'assurer la pérennité de notre modèle d'armée et de soutenir les ambitions de notre pays, après avoir appris la réduction du budget des armées de près de 850 millions d'euros. Cette démission était un signe fort adressé au Président de la République, Chef des Armées (article 15 de la Constitution du 4 octobre 1958). Or, si nous souhaitons une France forte et indépendante, une France capable de peser sur la scène internationale, nous devons être prêts à en assumer les sacrifices financiers, sacrifices qui seront d'autant plus facilement consentis qu'ils seront pleinement compris par les citoyens et encadrés pour optimiser leur allocation.

<u>Dans un monde globalisé, le support de la communauté internationale est déterminant</u>

Au début du conflit, l'Ukraine apparaissait bien isolée. Economiquement, l'Ukraine n'appartient pas à l'Union Européenne et ne bénéficie que d'accords bilatéraux facilitant le libre-échange. Militairement, l'Ukraine n'est pas membre de l'OTAN et ne profite donc pas de l'article 5 du traité de Washington garantissant la défense collective de tous les membres de l'alliance dès lors qu'un de ses membres est attaqué. En outre, le soutien international avait été relativement faible en 2014 lors de l'annexion de la

Crimée par la Russie. Dans les années qui suivirent, la coopération avec l'Ouest s'est intensifiée sur les dimensions économique et politique.

L'offensive russe du 24 février 2022, illégitime et prônant la force pour annexer un peuple libre, a soulevé l'indignation dans l'opinion publique internationale. Dans ce combat de David contre Goliath, l'Ukraine a su fédérer et mobiliser la communauté internationale qui a pris fait et cause pour les combattants ukrainiens face à l'agression russe. Sans prendre directement part au combat et à la défense du territoire ukrainien et donc sans assumer le statut de belligérant, nombre de puissances occidentales ont accordé une assistance massive à l'Ukraine. En fournissant des renseignements et de l'armement, la solidarité internationale a renforcé la confiance et la détermination des combattants ukrainiens. Leur destin leur appartient, s'ils tiennent en échec l'Armée Rouge, le soutien de la communauté internationale leur permettra de se relever et de leur assurer un avenir.

Fait nouveau dans l'histoire, ce soutien massif de la communauté internationale ne s'est pas exprimé par l'entrée en guerre aux côtés de l'Ukraine, mais par une aide matérielle et financière. Historiquement, en vertu de l'adage « l'union fait la force », les Etats ont cherché à former des alliances défensives pour augmenter leurs capacités militaires (hommes et armement) et ainsi faire face à un agresseur. Les capacités individuelles s'additionnent et si elles sont correctement coordonnées, elles permettent de mutualiser les forces et de concentrer les moyens, ou d'obliger l'ennemi à diviser ses forces sur plusieurs fronts. D'autre part, une alliance unie est dissuasive pour tout agresseur. Celui-ci voit les options tactiques de sa cible se multiplier tout comme ses lignes logistiques et oblige à des choix stratégiques.

Or dans le cas ukrainien, l'assistance des puissances alliées fut différente puisque ces dernières ont tout fait pour ne pas être considérées comme belligérantes et ne pas escalader les tensions. Leur rôle fut pourtant crucial sur le plan logistique, matériel et sur le renseignement fourni. De plus, l'étendue des soutiens obtenus légitime la position ukrainienne. Les troupes sont galvanisées par le sentiment d'agir en vertu du droit et de s'engager dans une juste guerre. Ceci est d'autant plus important que dans le cas présent, aucune résolution du Conseil de Sécurité de l'ONU n'a été votée. Pour cause, la situation est particulière puisque l'agresseur est membre permanent de ce même Conseil de Sécurité et est censé garantir la paix et l'équilibre international.

A contrario, l'état russe souffre depuis la guerre froide du syndrome obsidional de la forteresse assiégée. Les actes de belligérance le plongent dans l'autarcie et le repli sur lui-même. Acculée sur la scène internationale par l'Ukraine et ses multiples soutiens occidentaux, la Russie est dans la posture de l'agresseur illégitime, colosse aux pieds d'argile. L'agression de l'Ukraine est unanimement décriée et les mesures de rétorsion ont été appliquées. Les états ont gelé les avoirs des dignitaires russes, les entreprises multinationales ont arrêté leurs échanges voire ont été contraintes de se retirer du pays alors que le système international de paiement SWIFT prononçait l'exclusion de la Russe. Les dommages que subira la Russie, quelle que soit l'issue du conflit, seront irrémédiables. La posture ambivalente de certaines puissances ou la main molle tendue à Moscou n'est qu'une neutralité intéressée. Aucune nation ne peut ouvertement légitimer l'acte d'agression de la Russie au risque d'apparaître comme une nation complice des atrocités de la guerre et ainsi perdre toute crédibilité sur le plan diplomatique et compromettre les échanges commerciaux. La neutralité passive est une posture d'attente d'états rapaces pour saisir les opportunités économiques et politiques à l'issue du conflit.

En définitive, le manque de préparation et les erreurs stratégiques multiples de la Russie ne lui ont pas permis d'atteindre ses objectifs initiaux face à la défense acharnée des Ukrainiens. L'organisation du commandement russe était défaillante tout comme l'état de ses communications, ne laissant pas aux subordonnés la possibilité de prendre des initiatives promptes et de saisir des opportunités tactiques. De plus, le combat en interarmées n'est pas maîtrisé alors que la Russie possède la suprématie sur son adversaire dans tous les domaines, ses troupes ne se coordonnent pas pour profiter de la synergie des effets. A cela s'ajoute la réalisation d'un plan offensif éloigné des lois de la guerre, la dispersion a été privilégiée en attaquant sur cinq fronts, alors que les moyens étaient nettement insuffisants par rapport aux abaques existants. La logistique avec les approvisionnements en vivres, carburant, munitions, a été totalement négligée et sous-dimensionnée pour une attaque sur différents fronts avec des élongations importantes en empruntant des axes logistiques non sécurisés. Enfin, le Kremlin avait parié sur un adversaire faible et un effondrement rapide du régime politique ukrainien. Les soldats russes se pensaient accueillis en libérateurs, la réalité fut toute différente.

Le soutien indéfectible des Occidentaux couplé à la volonté inébranlable de vaincre des Ukrainiens ne laissait aucune issue à l'agresseur russe. Les ressources occidentales sont croissantes et continues face à des troupes russes enlisées et incapables de juguler les flux logistiques adverses. Fait inhabituel dans un tel conflit, les pays occidentaux fournissent armes et soutien financier en refusant de clamer leur qualité de belligérant. La Russie possédant l'arme nucléaire et étant membre permanent du Conseil de Sécurité de l'ONU, les soutiens de l'Ukraine s'efforcent de ne pas franchir la ligne rouge et de ne pas escalader le conflit. Les hommes politiques sont ainsi prudents dans leurs déclarations, les troupes au sol ne sont pas engagées tout comme les survols d'aéronefs occidentaux au-dessus de la zone de conflit. Difficile pour la Russie de s'attaquer à un pays occidental, lié par le pacte défensif de l'OTAN, alors que ses forces sont en position de faiblesse face aux troupes ukrainiennes. La résistance héroïque des ukrainiens face au premier choc offensif russe, puis l'approvisionnement continu et croissant en armes modernes, rendent la position de la Russie intenable. L'Ukraine a le monde pour base arrière. L'armée russe est saignée à blanc devant l'aveuglement de ses cadres rendant illusoire toute victoire militaire.

CONCLUSION

Le dimanche 28 janvier 2024, nous y sommes ! Deux années et sept mois se sont écoulés depuis ma prise de commandement. Deux années particulièrement intenses où se sont conjugués vie professionnelle, projets personnels et activités dans la réserve opérationnelle à un rythme effréné avec des dizaines d'appels et de mails par jour et des activités presque chaque week-end. Deux années durant lesquelles j'ai eu l'honneur de commander à trois reprises en mission intérieure et de participer à l'exercice de haute intensité ORION 2023. Deux années durant lesquelles j'ai eu à cœur d'entraîner et commander des hommes et des femmes avec pour finalité l'accomplissement de la mission avec pour but commun, le succès des armes de la France. Enfin, deux années inoubliables où j'ai pu éprouver la solitude du commandement mais où j'ai vécu des moments de camaraderie authentiques et exceptionnels.

Les souvenirs de ces moments singuliers se succèdent alors que je transmets le témoin à mon successeur devant la statue du Général Kellermann à Valmy devant une centaine de personnels en armes et autant d'invités. Quelle chance j'ai eue d'avoir une troupe extraordinaire, pleinement engagée et investie pour chaque nouvelle mission ! En deux années, j'ai pu côtoyer des personnes hors du commun avec un sens du sacrifice inégalé. Des hommes et des femmes qui, au-delà de leur vie professionnelle et familiale, consacrent leur temps au service de la patrie. C'est grâce à eux, à leur enthousiasme, à leur dynamisme que le chef trouve les ressources nécessaires pour les amener à se dépasser et à accomplir la mission avec succès.

Commander une unité d'exception est une expérience inoubliable. Une expérience qui forge le caractère et fait grandir l'homme. Les sacrifices consentis sont significatifs et la charge de travail est gigantesque mais la satisfaction procurée par l'engagement des personnels que nous commandons est indescriptible. Leur ferveur, leur enthousiasme, leur volonté vous poussent à vous dépasser. En ce dernier jour, ils m'honorent de leur présence et de leurs témoignages de reconnaissance tout aussi poignants les uns que les autres.

Commander une compagnie est un honneur et une fierté où le chef a la responsabilité de ses hommes et doit accomplir les missions qui lui sont confiées pour le succès des armes de la France.

Les commandants d'unité se succèdent et travaillent pour leur successeur en véritables passeurs de témoin pour assurer la pérennité de l'unité en marquant sa vie de leur empreinte. La compagnie du Phoenix fait désormais partie intégrante de mon identité. Pour la France, en avant !

ANNEXES

ANNEXE 1 – BREF HISTORIQUE DU 24ÈME REGIMENT D'INFANTERIE

Le régiment de Brie est créé le 26 avril 1775 à partir des 2ème et 4ème bataillon du royal dont l'origine remonte à 1656. Il s'illustre lors de la guerre d'indépendance des Etats-Unis et prend part à la capitulation anglaise de Yorktown en 1781. A la suite de l'ordonnance du 1er janvier 1791, le régiment de Brie devient le 24ème régiment d'infanterie.

Engagé dans les guerres révolutionnaires où il brille notamment à Valmy (1792) puis Hondschoote (1793), le 24ème régiment d'infanterie se couvre de gloire lors des campagnes napoléoniennes de Iéna (1806), Friedland (1807), Eylau (1807), Essling (1809) et Wagram (1809). Sous la Restauration, le régiment est envoyé en Algérie en 1836 et se distingue par sa bravoure lors des combats de la Chiffa combattant en nette infériorité numérique. Puis, le régiment s'illustre à Spicheren lors de la guerre franco-prussienne de 1870.

Le 24ème régiment d'infanterie est de tous les combats lors de la première guerre mondiale. Participant à la bataille de la Marne, il engage le combat au cours des événements majeurs du conflit (Artois, Verdun, Chemin des Dames) ce qui lui vaut trois citations et l'attribution de la fourragère aux couleurs de la croix de guerre 1914-1918. Le régiment s'illustre à nouveau en 1940 sur l'Aisne où son sacrifice permet de stopper l'avance des troupes allemandes.

Dans le sillage de la professionnalisation des armées, le 24ème régiment d'infanterie appelé « régiment de Paris » est dissous le 13 juin 1997 à Vincennes. En juillet 2012 est décidée la création d'un bataillon de réserve au Fort-Neuf de Vincennes avec un noyau de cadres dès l'automne pour former l'échelon de pré-configuration. L'objectif est pour le gouverneur de Paris de disposer d'une réserve opérationnelle pouvant être déployée sur court préavis face à des situations exceptionnelles. Le 27 juin 2013 est officiellement créé le bataillon de réserve d'Ile de France reprenant les traditions et l'héritage du 24ème régiment d'infanterie. Bénéficiant d'un accès facile et du dynamisme de la capitale, le recrutement est dynamique avec la création des seconde et troisième compagnie en 2015 et 2016 faisant grimper l'effectif à plus de 400 personnels à cette date. La capacité opérationnelle du régiment est démontrée avec l'engagement lors de l'opération VIGIPIRATE en 2015.

Au 1ᵉʳ juillet 2016, le régiment change de subordination et est intégré au sein du commandement de la force logistique nouvelle créé dans le cadre du nouveau modèle de l'armée de Terre « Au Contact ».

Le 24ᵉᵐᵉ régiment d'infanterie remplit pleinement le contrat opérationnel qui lui est confié par l'armée de terre. Une quatrième compagnie est créée en 2018. L'engagement dans le cadre des missions opérationnelles sur le territoire national est grandissant avec Vigipirate puis Sentinelle. Lors de la crise sanitaire du COVID, le régiment est engagé dans le cadre de l'opération Résilience pour sécuriser les flux d'approvisionnement des hôpitaux. Parallèlement, le régiment prend part à de nombreux exercices interarmes dont BACCARAT avec l'ALAT, TRAPP avec les forces spéciales ou le CIADA avec les lieutenants sortants de leur école d'application. En 2023, le régiment participe à l'exercice ORION, déploiement majeur de l'armée de Terre dans le cadre de l'hypothèse d'un engagement majeur.

En mai 2024, les 1ᵉʳᵉ et 2ᵉᵐᵉ compagnies ainsi que EM quittent le Fort Neuf de Vincennes pour emménager au quartier Joffre Drouot à Versailles. Les deux autres compagnies restent stationnées au camp des Matelots à Versailles. A l'été 2024, une compagnie est déployée dans le cadre de la sécurisation des jeux olympiques à Paris.

Le 24ᵉᵐᵉ régiment d'infanterie change de subordination au 1ᵉʳ novembre 2024 pour être placé sous l'autorité du gouverneur militaire de Paris.

Le drapeau du 24ème RI est décoré de la croix de guerre 1914-1918 avec deux palmes et une étoile de vermeil et de la croix de guerre 1939-1945. Sont inscrits en lettres d'or dans les plis du drapeau, huit batailles au cours desquelles le régiment s'est illustré :

- Valmy 1792,
- Hondschoote 1793,
- Gênes 1800,
- Iéna 1806,
- Friedland 1807,
- Les Deux Morins 1914,
- Artois 1915,
- L'Aisne 1918.

ANNEXE 2 - LETTRE DE COMMANDEMENT

Armée de Terre
24ᵉ Régiment d'infanterie
Le chef de corps

Paris, le 07 juin 2021
N° 1156/ARM/COM-LOG/24RI/CDC/NP

N° RPAA 18/2021

<u>OBJET</u> : Nomination du commandant d'unité de la 1ᵉʳᵉ Compagnie.

Le capitaine Thomas VALENTIN est nommé commandant d'unité de la 1ère compagnie à compter de sa désignation lors de la cérémonie de passation de commandement, le 06 juin 2021.

Le Lieutenant-Colonel Goulven LAINÉ,
Commandant le 24ᵉ régiment d'infanterie
ORIGINAL SIGNÉ

ANNEXE 3 – DESCRIPTION DE L'INSIGNE COMPAGNIE

L'insigne revêt une importance particulière pour une unité. Marque d'appartenance et de reconnaissance, il participe à la cohésion et à l'identité du groupe.

L'univers animalier réel ou imaginaire est une source d'inspiration majeure de par les vertus guerrières que les animaux véhiculent. Les quatre compagnies du régiment ont d'ailleurs choisi un animal pour orner leur insigne.

A la recréation du régiment en 2013, la première compagnie a ainsi adopté le Phoenix, oiseau mythique, symbole de renaissance. Le régiment ayant été dissous en 1997 et l'année 2013 voyant la renaissance d'une compagnie, ce choix était tout à fait approprié.

De couleur bleue, la première esquisse était épurée et s'inscrivait dans un cercle avec la devise « *Semper Primus* » (Toujours premier).

La couleur n'est pas anodine. La circulaire du 26 mai 1953 attribue une couleur à chaque compagnie selon sa numérotation. Ainsi, le bleu est octroyé à la première compagnie, le garance à la deuxième compagnie, le jonquille à la troisième compagnie et le vert à la quatrième compagnie. Les couleurs étant hautement visibles et reconnaissables, l'identification des compagnies s'en trouve très simplifiée.

Au cours de son temps de commandement, le lieutenant-colonel Goulven avait demandé à chaque commandant d'unité de revoir leurs insignes respectifs afin de les homogénéiser. Mon prédécesseur décida de conserver le Phénix qui était l'emblème historique de la compagnie et auquel beaucoup d'anciens étaient attachés et de le moderniser en lui donnant une allure plus dynamique. Il s'inscrivait dorénavant dans l'insigne régimentaire permettant de l'associer directement avec le 24ème Régiment d'Infanterie et ses ailes enlaçaient le numéro 1 en référence à l'ordre de la compagnie au sein du régiment.

Le chef de corps souhaitait que chaque compagnie associe une bataille où le régiment s'est illustré à son insigne. Mon prédécesseur fit le choix d'inscrire la bataille de Yorktown en référence à la guerre d'indépendance des Etats-Unis à laquelle participa le 24ème Régiment d'Infanterie. Ce choix était guidé par des intérêts stratégiques dans l'éventualité d'une collaboration ou d'un exercice conjoint avec la Garde Nationale américaine.

La conception de cet insigne renouvelé fut permise grâce au sergent Nicolas, travailleur acharné et graphiste hors pair, qui a su répondre aux exigences et contraintes graphiques imposées. Le chef de corps a validé ce nouvel insigne le 1er décembre 2020.

Dès le début de mon temps de commandement en juin 2021, je me suis appuyé sur ce nouveau graphisme pour créer une véritable identité « première compagnie » et multiplier les objets promotionnels et affichages (banderole, flamme, autocollants) à l'emblème de la compagnie.

Dès que l'insigne de la compagnie qui compte cent cinquante à deux cents hommes fut figé, les chefs de section proposèrent des insignes pour leur unité avoisinant la trentaine de personnels. Des conceptions graphiques originales et créatives furent proposées et validées pour chacune des quatre sections. La symbolique au niveau section se limitait à un patch circulaire mais qui n'était pas toléré au quartier par souci d'homogénéisation des tenues.

La jeunesse du régiment et la discontinuité des activités de réserve imposait de ne pas démultiplier les niveaux d'identification. La compagnie, à taille humaine, avec un insigne reprenant l'insigne régimentaire était le niveau adéquat pour accroître l'identification régimentaire et commander à hauteur d'homme.

ANNEXE 4 – CHANT REGIMENTAIRE

CEUX DU LIBAN

Dans la boue, les sillons,
Sous le ciel gris nous marchons,
Malgré la fatigue et la pluie
Malgré la famine et l'ennui
Nous veillons et nous attendons
Que pour nous gronde le canon
Si demain, il nous appelait
Nous partirions sans un regret

La France pleure ses enfants
Tombés là-bas au Levant
Nous garderons leur souvenir
Comme eux nous voulons bien servir
Nos anciens du Liban,
Nous précèdent en avant
Vivant pour le même horizon,
Pour la France nous servirons

Sous le soleil brûlant
Montaient nos rires et nos chants
Notre sourire était la paix
Pour tous ces enfants qui souffraient
Partout des orages d'acier
Sur terre se sont déchaînés
Pour que sous un ciel bas et noir
A jamais meurt tout espoir

ANNEXE 5 – CHANT COMPAGNIE

Sari Marès est un chant traditionnel sud-africain, écrit en 1889 en langue afrikaan par Jacobus Toerien, en hommage à son épouse Sari Maré. Repris et traduit en plusieurs langues, Sari Marès devient le chant de marche de l'EMIA en 1970.

SARI MARES

Ô Sari Marès belle amie d'autrefois
En moi tu demeures vive
L'amour des plus fort que la pluie et que le vent
Qui peut arrêter son élan

Refrain :
Je veux revoir
Dans mon vieux Transvaal
Ma ferme au toit de chaume
Où le parfum du miel et des conifères embaume (bis)
L'air pur est clair comme un cristal (bis)

Ô Sari Marès est bien loin de mon cœur
Mais je crois en son amour
Car c'est entre ses bras que j'ai connu le bonheur
J'irai la revoir un jour

Refrain

Lorsque j'étais petit je croyais qu'un démon
Viendrait me ravir ma maison
Mais lorsque je fus grand ce fut une horrible guerre
Qui m'emmena loin de mes terres

ANNEXE 6 – SOLDATS DE L'AN II

Ô soldats de l'an deux ! ô guerres ! épopées !
Contre les rois tirant ensemble leurs épées,
Prussiens, Autrichiens,
Contre toutes les Tyrs et toutes les Sodomes,
Contre le czar du nord, contre ce chasseur d'hommes
Suivi de tous ses chiens,

Contre toute l'Europe avec ses capitaines,
Avec ses fantassins couvrant au loin les plaines,
Avec ses cavaliers,
Tout entière debout comme une hydre vivante,
Ils chantaient, ils allaient, l'âme sans épouvante
Et les pieds sans souliers !

Au levant, au couchant, partout, au sud, au pôle,
Avec de vieux fusils sonnant sur leur épaule,
Passant torrents et monts,
Sans repos, sans sommeil, coudes percés, sans vivres,
Ils allaient, fiers, joyeux, et soufflant dans des cuivres
Ainsi que des démons !

La Liberté sublime emplissait leurs pensées.
Flottes prises d'assaut, frontières effacées
Sous leur pas souverain,
Ô France, tous les jours, c'était quelque prodige,
Chocs, rencontres, combats ; et Joubert sur l'Adige,
Et Marceau sur le Rhin !

On battait l'avant-garde, on culbutait le centre ;
Dans la pluie et la neige et de l'eau jusqu'au ventre,
On allait ! en avant !
Et l'un offrait la paix, et l'autre ouvrait ses portes,
Et les trônes, roulant comme des feuilles mortes,
Se dispersaient au vent !

Oh ! que vous étiez grands au milieu des mêlées, Soldats !

L'œil plein d'éclairs, faces échevelées
Dans le noir tourbillon,
Ils rayonnaient, debout, ardents, dressant la tête ;
Et comme les lions aspirent la tempête
Quand souffle l'aquilon,

Eux, dans l'emportement de leurs luttes épiques,
Ivres, ils savouraient tous les bruits héroïques,
Le fer heurtant le fer,
La Marseillaise ailée et volant dans les balles,
Les tambours, les obus, les bombes, les cymbales,
Et ton rire, ô Kléber !

La Révolution leur criait : - Volontaires,
Mourez pour délivrer tous les peuples vos frères ! -
Contents, ils disaient oui.
- Allez, mes vieux soldats, mes généraux imberbes !
Et l'on voyait marcher ces va-nu-pieds superbes
Sur le monde ébloui !

La tristesse et la peur leur étaient inconnues.
Ils eussent, sans nul doute, escaladé les nues
Si ces audacieux,
En retournant les yeux dans leur course olympique,
Avaient vu derrière eux la grande République
Montrant du doigt les cieux ! ...

ANNEXE 7 – PREFACE PLAN D'ACTION

Officiers, Sous-Officiers, Caporaux-Chefs, Caporaux et Braves de la 1ère compagnie,

C'est un honneur et une fierté de commander des hommes et des femmes d'exception faisant preuve d'une abnégation sans limite au service de notre pays, la France. Votre engagement quotidien pour la défense de la patrie et des intérêts supérieurs de la Nation, votre énergie, votre détermination, votre soif de dépassement sont mes sources premières de motivation.

« *Tout citoyen est soldat et se doit à la défense de la Patrie* » précisait l'article premier de la loi Jourdan sur la conscription militaire. Vous êtes l'illustration vivante de ce patriotisme qui nous anime au XXIème siècle. Vous avez fait le choix d'endosser l'uniforme et de servir sous les drapeaux pour défendre des idéaux, c'est un honneur qui vous fait endosser de lourdes responsabilités. En portant les armes vous avez le pouvoir de donner la mort mais vous vous exposez aussi au sacrifice ultime.

La 1ère compagnie contribuera directement à l'effet majeur du Chef de Corps en préparant et participant à l'exercice de combat haute intensité ORION 2023.

A cet effet, trois axes me guideront dans mon temps de commandement :

- Le premier sera d'élever le niveau d'exigence de la préparation opérationnelle. La qualité, la diversité et la fréquence des instructions vous permettront d'agir dans le stress et l'incertitude. Lorsque des vies humaines sont en jeu et a fortiori celle de nos concitoyens et camarades, aucune approximation n'est permise. Les outils de simulation, la nomadisation, l'aguerrissement, les immersions sont autant de moyens pour nous endurcir et professionnaliser les réserves.

- Le second sera de former et fidéliser en offrant à chacun un parcours conforme à ses capacités et à ses ambitions. Les perspectives de progression dans un parcours individualisé en suivant un cursus généraliste ou des instructions de spécialité sont des facteurs majeurs de motivation et d'épanouissement. « *L'homme est l'instrument premier du combat* », a fortiori dans l'infanterie, cultiver son esprit de corps et sa force morale est essentiel pour vaincre.

- Le troisième axe est initier et approfondir le combat urbain et interarmes. Je crois fermement qu'à la vue de notre doctrine d'emploi et des menaces actuelles et futures, mon devoir est de nous préparer à l'hypothèse d'un engagement majeur.

La mise en mouvement de ces trois axes est indissociable d'une organisation structurée et pérenne qui est la colonne vertébrale 1ère Compagnie. En parallèle, nous bâtirons une véritable identité 1ère Compagnie avec des moments de cohésion, des symboles, des traditions pour souder les hommes. Guidés par l'efficacité, nous cultiverons notre esprit guerrier et de fraternité d'armes.

Pour mener à bien les défis et missions, la 1ère compagnie compte sur vous

Pour le succès des armes de la France, en avant !

ANNEXE 8 – ACRONYMES

ADU : adjudant d'unité
ANSSI : agence nationale de la sécurité des systèmes d'information
AZUR : action en zone urbaine
BAC : brigade aérocombat
BML : bureau maintenance et logistique
BOI : bureau opérations instruction
C3T : concept de combat terrestre
CAME : certificat d'aptitude militaire élémentaire
CATE : certificat d'aptitude technique élémentaire
CBML : chef du bureau maintenance et logistique
CBOI : chef du bureau opérations instruction
CDC : chef de corps
CDS : chef de section
CDU : commandant d'unité
CEMA : chef d'état-major des armées
CEMAT : chef d'état-major de l'armée de terre
CENZUB : centre d'entraînement aux actions en zone urbaine
CFCU : cours de formation des commandants d'unité
CIRFA : centre d'information et de recrutement des forces armées
CO : centre opérationnel
COMLOG : commandement de la force logistique
COMTN : commandement du territoire national
CRFM : compte rendu de fin de mission
DGSI : direction générale de sécurité intérieure
DLAE : détachement de liaison et d'appui à l'engagement
DMD : délégué militaire départemental
EMT : état-major tactique
EMZD ou EMZDS : état-major de zone de défense et de sécurité
ESR : engagement à servir dans la réserve
FAMAS : fusil d'assaut des manufactures d'armes de Saint-Etienne
FIOR : formation initiale des officiers de réserve
FMIR : formation militaire initiale de réserve
FORAD : force adverse
FSI : forces de sécurité intérieure
GAE : général adjoint engagement

GPB : gilet pare-balles
GSBDD : groupement de soutien de base de défense
GTIA : groupement tactique interarmes
IHEDN : institut des hautes études de défense nationale
LID : lutte informatique défensive
L2I : lutte informatique d'influence
LPM : loi de programmation militaire
MCF : mise en condition finale
MEDOT : méthode d'élaboration d'une décision opérationnelle tactique
NDS : note de service
NEB : numérisation de l'espace de bataille
NRBC : nucléaire, radiologique, biologique, chimique
OAR : officier adjoint réserve
ONF : office national des forêts
OPO : operation order
ORFA : optimisation des ressources des forces armées
ORSEM : officier de réserve spécialiste d'état-major
OSA : officier supérieur adjoint
POM : préparation opérationnelle métier
QRF : quick response force
RCP : régiment de chasseurs parachutistes
REC : régiment étranger de cavalerie
RETEX : retour d'expérience
RI : régiment d'infanterie
RIMA : régiment d'infanterie de marine
RMED : régiment médical
ROC : réserve opérationnelle connectée
SCEM : stage de certification d'état-major
SGDSN : secrétariat général de défense et de sécurité nationale
SGTIA : sous-groupement tactique interarmes
SITEM : stage d'initiation aux techniques d'état-major
SITAL : simulateur de tir aux armes légères
SK : section du commandement
SNU : service national universel
SOA : sous-officier adjoint
SOCMUE : sous-officier en charge des matériels de l'unité élémentaire
SOFEM : stage des sous-officiers d'état-major

SCORPION : synergie du contact renforcée par la polyvalence et l'info-valorisation
SICS : système d'information du combat SCORPION
TC1 : train de combat numéro 1
TIG : travaux d'intérêt généraux
TIOR : techniques d'intervention opérationnelles rapprochées
TOA : transfert d'autorité
TUEM : tableau unique des effectifs et des matériels
UIR : unité d'intervention de réserve
VMP : visite médicale périodique

REMERCIEMENTS

Merci à tous les personnels de la 1ère compagnie et du 24ème Régiment d'infanterie qui m'ont accompagné sur ce temps de commandement

Merci au général d'armée Pierre SCHILL qui a accepté de préfacer cet ouvrage

Merci au colonel Georges-André MARON pour la précieuse aide de l'ESORSEM et la rédaction du mot liminaire.

Merci au lieutenant-colonel Laurent CHRISMANN et à la première classe ARTAUD pour leur relecture assidue de cet ouvrage.

Merci à la chef Ophélie VIRLOGEUX et à l'adjudant-chef Bertrand LERICHE pour leurs photographies et à Raynald DEROUET pour la mise en page.

Merci aux commandants Roch FRANCHET D'ESPEREY et Alexis de VALENCE pour leur accompagnement dans l'édition et la publication de cet ouvrage.

Table des matières

Avant-Propos ....
... 10
Préface 11
Introduction 13
I. Aux sources de l'engagement était l'honneur 21
    A.   Des citoyens animés par la volonté de servir *21*
    B.   Des rangs composés des futures élites de la Nation *23*
    C.   Une fraternité d'armes forgée dès la formation initiale *25*
II. Vivre la genèse d'un régiment de « citoyen-soldats » 31
    A.   Les héritiers des soldats de l'An II *31*
    B.   Le défi de la structuration d'un régiment *37*
    C.   Commander et pérenniser *52*
III. Préparer les corps et les esprits au combat 59
    A.   Insuffler l'esprit guerrier et la volonté de vaincre *59*
    B.   Maîtriser les fondamentaux du tir *65*
    C.   S'approprier le combat urbain *66*
IV. L'accomplissement de la mission est la finalité de l'engagement 69
    A.   Une réserve résolument orientée vers l'engagement opérationnel.. *69*
    B.   Entretenir la flamme de la mémoire *104*
    C.   Vers le combat de haute intensité *108*
V. Construire le socle d'une armée de citoyens soldats 133
    A.   Le défi de la massification *133*
    B.   La transformation de la guerre Les nouveaux terrains de conflictualité *136*
    C.   L'enjeu primordial de la conquête de l'opinion publique et des alliances *147*
Conclusion 155
Annexes 157
Annexe 1 – Bref historique du 24ème régiment d'infanterie 158
Annexe 2 - Lettre de commandement 161
Annexe 3 – Description de l'insigne compagnie 163
Annexe 4 – Chant régimentaire 167
Annexe 5 – Chant compagnie 168
Annexe 6 – Soldats de l'An II 169
Annexe 7 – Préface plan d'action 171
Annexe 8 – Acronymes 173